어머니

문해력은
요약이
전부입니다

어머니
문해력은 요약이
전부입니다

초판 1쇄 발행 2023년 7월 10일

지은이 변옥경, 장정윤, 이선일

펴낸이 김남전
편집장 유다형 | 기획·편집 이경은 | 디자인 양란희
마케팅 정상원 한웅 김건우 | 경영관리 임종열 김다운

펴낸곳 ㈜가나문화콘텐츠 | 출판 등록 2002년 2월 15일 제10-2308호
주소 경기도 고양시 덕양구 호원길 3-2
전화 02-717-5494(편집부) 02-332-7755(관리부) | 팩스 02-324-9944
홈페이지 ganapub.com | 포스트 post.naver.com/ganapub1
페이스북 facebook.com/ganapub1 | 인스타그램 instagram.com/ganapub1

ISBN 979-11-6809-101-6 (03370)

가나출판사는 당신의 소중한 투고 원고를 기다립니다. 책 출간에 대한 기획이나 원고가 있으신 분은 이메일 ganapub@naver.com으로 보내 주세요.

어머니

독서 논술 베테랑 교사들이
알려주는 요약의 기술

문해력은
요약이
전부입니다

변옥경
장정윤
이선일 지음

가나다

옆에 두고
활용할 책

"선생님, 우리 아이는 책을 많이 읽는데도 왜 글쓰기가 안 될까요?"

"읽기는 읽는데 줄거리 파악도 안 되는 것 같아요."

"문해력이 중요하다는데…… ."

한우리독서토론 강남지부장으로 활동할 때도, 한우리교육연구소에서 소장으로 교재를 총괄할 때도 현장에서 자주 듣던 말이다. 부모와 상담을 해 보면 책을 읽지 않아 고민인 경우도 있지만 책을 많이 읽는데도 줄거리 파악도 안 되어 걱정인 경우도 많았다. 엄마손에 이끌려 독서지도를 받겠다고 상담을 오는 아이들의 독서 능력을 파악하는 방법은 여러 가지가 있다. 독서능력 진단 검사를 해 보는 방법도 있지만 자기 학년 수준의 글을 주고 요약하기를 시켜 보면 금방 알 수 있다. 독서 능력이 낮은 아이들은 십중팔구 요약하기가 안 되고, 자기 학년 수준의 글 요약이 안 되는 학생들은 학원을 다녀도 성적이 제자리걸음이기가 십상이다.

몇 해 전부터 대학입시에 수능 국어 성적이 중요한 변수로 떠오르면서 국어에 대한 관심과 함께 문해력은 온 나라를 뜨겁게 달구는 화두가 되었다. 아이들뿐만 아니라 성인들의 문해 능력도 심각하다는 뉴스를 접하면서 유튜브 동영상 때문이라느니 한자를 몰라서 그런다느니 여러 가지 원인들을 말한다. 이유야 복합적이겠지만 중요한 것은 아이들이 공부를 하는데 바탕이 되는 문해력이 어느 날 하루아침에 뚝딱 키워지는 것이 아니라는 것이다.

문해력에 대한 논란만 무성하고 적절한 대안이 없는 상황에서 참으로 시의적절한 반가운 책이 나왔다. 『어머니 문해력은 요약이 전부입니다』는 한우리 독서지도사 과정의 대표 강사 두 분이 30년 가까이 현장에서 아이들을 지도하면서 온몸으로 경험하고 갈고닦은 노하우를 풀어낸 책이다. 한우리 독서지도사 과정의 강사로, 글쓰기 코치 양성과정 강사로 또 독서지도 현장의 교사로 활동하고 계시는 두 분 강사님의 독서지도에 관한 진정성과 열정이 고스란히 담겨있다.

문해력에 관한 딱딱한 이론서가 아니라 마치 두 분의 수업 현장을 들여다 보는 듯한 편안함으로 읽고 따라할 수 있다. 요약의 힘이 문해력 향상의 핵심으로 연결된다는 것은 누구나 알지만 요약은 어른들에게도 결코 쉬운 영역이 아니다. 이 책은 문학 비문학 장르에 적합한 요약의 기술을 학생들에게 적용시킨 사례와 함께 넣어 상황에 맞게 골라 쓸 수 있도록 했다. 또한 초등학교 아이들부터 중고생들까지 활용할 수 있도록 텍스트의 종류에 따라 그에 맞는 다양한 요약하기 방법을 제시하고 마지막에는 다중 매체를 활용한 방법까지 맛볼 수 있도록 했다. 아이의 요약에 대해 고민하시는 분들이라면 옆에 두고 활용해 보실 것을 권한다.

제한된 지면에 두 분의 현장 경험을 살린 노하우를 다 풀기에는 역부족이었을 것이다. 하지만 이 책의 내용이면 아이들이 요약의 힘을 키우고 문해력을 향상시키는데 충분하다. 길을 잃은 부모와 학생들에게 훌륭한 안내 지도가 될 줄로 믿는다.

한우리 평생교육원장 정은주

독서를 어떻게 해야
국어 성적도 좋아질까

독서와 국어 성적의 상관관계. 독서 활동가로 일을 시작하고 몇 년이 지나면서부터 가지게 된 의문이었다. 사실 생각할수록 이상했다. 책을 많이 읽으면 배경지식이 풍부해지는 것은 물론이고, 다양한 분야를 섭렵하니 어휘력도 좋아진다. 그러니 교과서에 나오는 내용들은 별 막힘이 없이 이해할 수 있을 테다. 사고력 발달에 문학적 감수성은 덤이요, 언어 감각도 발달하니 어떤 국어 문제든 사뿐히 잘 풀 수 있어야 한다. 그런데 현실에서 뚜껑을 열어보면 독서 수업을 오래 한 아이들 중에 국어 성적과 연결되지 않는 아이들이 있었다.

우리가 어떤 글을 읽을 때 작동되는 사고 방향은 크게 확산적 사고와 수렴적 사고 두 가지다. 확산적 사고는 읽기 자료를 근거로 다양하고 독창적인 해결책을 탐색하고, 상상력을 발휘해 의미를 만들어내는 '확성기식' 사고다. 반면 수렴적 사고는 말 그대로 읽기 자료를 치밀하게 따져 읽으며 그 안에서 내용을 비교, 분석, 추론해 타당한 답을 찾는 '깔대기식' 사고다.

물론 책을 읽든 국어 문제를 풀든 두 가지 방향의 사고는 같이 작동하게 된다. 다만 책 한 권을 읽는 과정은 확산적인 사고가 좀 더 강조되는 경향이 있다. 책의 세부적인 사건과 인물에 주목하지만, 그것이 큰 흐름 속에서 우리에게 어떤 감동과 느낌을 주는지 생각하고, 나와 사회에 대해 새로운 생각을 하기 때문이다.

반면 국어 문제를 풀 때는 일정 길이의 제시문을 치사하다고 생각될 정도로 조밀하게 들여다봐야 한다. 짧은 제시문 안에서 정보를 정확히 찾고, 그 정보를 연결해 타당한 추론을 해야 한다. 어떤 경우에는 내가 가진 배경지식이 방해가 되기도 한다. 다양한 생각보다는 선을 넘지 않는 범위 내에서 타당한 생각을 해야 하기 때문이다. 결국 수렴적 사고를 잘할수록 학교 성적에 도움이 된다고 볼 수 있다.

오랜 독서 수업에도 국어 성적과 연결이 되지 않는 아이들의 공통점이 바로 이 수렴적 사고의 부족함 때문이라는 걸 깨달았다. 그리고 내가 찾은 최고의 방법은 요약하기였다. 요약을 하려면 글을 따져서 읽어야 하고, 내용을 분석해 뭐가 중요한지 서로 비교하며 핵심을 가려내야 한다. 더불어 중요한 정보들 간의 관계를 추론해 자신의 말과 글로 정리해야 한다. 이렇게 훈련하다 보면 두뇌가 수렴적 사고에 익숙해져 점차 틀을 가진 사고를 할 수 있게 된다.

이 책은 요약을 통해 수렴적 사고를 훈련할 수 있는 구체적인 방법을 제시한다. 모두 오랜 시간 교육 현장에서 적용하고 수정하고 추려 완성한 것들이다. 문해력, 특히 책은 곧잘 읽는데, 내용을 물으면 답을 잘하지 못하거나, 글쓰기를 어려워하거나, 오래 독서 수업을 했지만 국어 성적이 좋지 않아 고민이라면 소개된 여러 방법 모두를 한 번이라도 따라 해 보길 권한다. 분명 변화를 느낄 것이다. 아직 독서에 익숙하지 않는 아이들이라면 5장 다중 매체 문해력을 먼저 해 보길 권한다. 이 부분은 뉴미디어로 책을 무조건 멀리하는 아이들을 위해 이 책을 집필하면서 새롭게 만든 프로그램이다. 매체가 무엇이든 우리가 얻고자 하는 핵심은 변하지 않는다. 요약이 쉬워지면 책을 읽는 것도 쉬워진다.

부족한 선생님을 위해 아낌없이 작품을 공개해 주고, 성실히 참여해 준 제자들에게 감사의 인사를 전한다. 이 책을 함께 써 보자고 손 내밀어 주신 변옥경 선생님과 좋은 책을 만들자고 의기투합해 어떤 내용이 들어갔으면 좋을지 함께 고민한 이선일 선생님께도 감사한 마음을 전한다. 마지막으로 늘 내 편에서 응원해 주는 우리 가족에게도 감사를 전한다.

절두산 한강변에서 장정윤

목차

2장
어머니, 요약에도 기술이 있습니다

3장
어머니, 문학 주제 파악은 요약으로 해결됩니다

4장
어머니, 비문학 분석 핵심은 요약입니다

5장
어머니, 요약만 잘하면 다중 매체 문해도 가능합니다

에필로그

1

어머니,
요약만 잘해도
문해력은
따라옵니다

책은 보는 게 아니라
읽어야 합니다

얼마 전 독서 수업을 하고 있을 때였다. 책에 나오는 '영국이나 프랑스 같은 서구 열강이 식민지를 만들려고 했다.'는 문장을 보고, 초등학교 5학년인 가희에게 물었다.

"서구 열강이 식민지를 만들려고 했다는 게 무슨 말일까?"

"음… 여기 식민지가 무슨 뜻인지 정확히 모르겠어요."

"한 번도 들어본 적이 없는, 처음 보는 단어니?"

"아니요, 영어학원 교재에서 본 적이 있어요. 그래서 '식민지'가 영어로 뭔지는 알아요."

'엥? 한글로 식민지의 뜻이 뭔지 모르는데, 영어로는 안다고?'

도저히 이해가 안 되었다. 단어 뜻을 모르는데 영어로는 안다니, 얘가 어떻게, 뭘 안다는 것인지 어리둥절했다. 그래서 우선 문맥상 의미를 추측하게 했다.

"가희야, 그러면 영국이나 프랑스 같은 서구 열강들이 식민지를 만들었다고 했잖아? 그냥 틀려도 괜찮으니까 '식민지'의 뜻을 한 번 추측해 봐."

"식민…지니까… 국민들이 뭘 먹어요?"

'아…!'

순간 아이와 얼굴을 마주 보며 웃어버렸다. 예전에 EBS에서 문해력과 관련된 다큐멘터리를 방영할 때 우리 말로 단어나 문장의 의미를 몰라 영어 수업 진도를 못 나가는 장면이 있었다. '나도 교육 현장에 있지만, 영어 수업도 참 심각하다.' 싶었는데, 남의 일이 아니었다. 그날 나는 가희에게 식민지에 대해 역사와 한자 풀이를 곁들여 자세한 설명을 해주었다.

아이들의 읽기와 쓰기 교육 현장에 있으면서 많은 생각을 하게 된다. 이제는 유치원이나 초등학교 1학년 교실이 아니면 어느 교육 현장에 가든 글을 읽지 못하는 아이는 거의 없다. 아이들에게 책을 읽혀 보면 너무나 잘 읽는다. 문제는 잘 읽기만 한다는 거다. 읽은 후에 그 책의 내용을 물어 보거나 책에 대한 질문의 답을 활동지에 써 보라고 하면 선뜻 쓰지 못하고 망설이는 아이들을 사방에서 만난다. 초등 저학년만 그럴까? 아니다. 초등학교 6학년 반에서도 흔하다.

짧은 그림책의 사실적 질문도 이해하지 못하는 아이들 말이다.

언뜻 들으면 이해하기 어려울 수도 있다.

'아니 글을 읽을 줄 아는데, 왜 무슨 뜻인지 모르지? 글자를 못 읽으면 문제겠지만, 제일 쉬운 게 한국말 아닌가? 읽으면 저절로 알 수 있는 의미를 어떻게 모를 수가 있지?'

일리가 있는 생각이다. 이 책을 읽고 있다면 대부분 뇌가 글자에 이미 익숙하고 어휘력과 배경지식이 충분하여, 무엇이든 읽으면 자동으로 글자와 의미를 함께 떠올릴테니 말이다. 하지만 성인 중에도 글을 읽고, 이해하지 못하는 문제로 일상생활에 어려움을 겪는 경우가 있다. 실제로 교육 현장에서도 이런 고민을 털어놓는 학부모를 종종 만나는데 그 중 두 가지 사례가 떠오른다.

몇 년 전에 서울의 모 초등학교 학부모 대상 강의를 하러 갔을 때 만났던 분이다. 자녀 독서지도를 주제로 한 강의였는데, 쉬는 시간에 다가와 개인적인 이야기를 털어놓으셨다. 아이가 6학년이라는 그 분은 요즘 독서와 읽고 쓰기의 중요성을 새삼 실감하고 있다고 했다.

"제가 남편과 작은 사업을 하고 있어요. 얼마 전에 회사에서 소유하고 있던 트럭과 관련한 분쟁이 생겨서 법원에 갔는데 제가 써야 하는 서류가 너무 어렵더라고요. 또 법원에 있는 분들에게 제 상황을 논리적으로 말해야 하는데, 그게 잘 안 되더라고요."

일상생활에서 주변 사람들과 소통하는 것은 전혀 어렵지 않았는데, 법률적인 문제가 생기니 서류 읽기도 힘들고, 자신의 상황도 논리적으로 설명하지 못해 답답하다는 것이다. 이야기 끝에 그 분이 마지막으로 한 말이 지금도 기억에 남는다.

"제 아이는 저처럼 읽고, 말하는 게 어렵지 않도록 잘 교육시키고 싶어요."

또 하나는 우리 아이와 있었던 일이다. 어느 날 아침에 아이들과 밥을 먹고 있는데, 큰아이가 재미있는 일이 있다며 말했다.

"엄마, 요즘에 인터넷이 시끄러운데 아세요?"

엄마가 아주 흥미로워할 거라는 듯 말을 꺼내는 것을 보고 호기심이 생겼다.

"'심심한 사과' 때문에 난리예요. 한 카페에서 행사를 진행했는데, 그 과정에서 문제가 생겨 트위터에 사과 공지가 올라 왔대요. 사과글 끝에 '심심한 사과의 말씀을 드린다'고 썼더니, 사람들이 지금 장난하는 것이냐며 댓글로 분노하기 시작했어요."

"왜? 사과문 정도로 충분하지 않은 일이었나?"

"아니요. 심심해서 하는 사과라니 지금 그게 사과하는 사람이 할 소리냐고요."

"아니, 그게 무슨 소리야. '심심한 사과'는 그 의미가 아니잖아."

"그러니깐요. 그래서 분노하는 사람의 댓글에 다시 그 뜻도 제대로 모르냐며, 새로운 문맹족의 모습이라고 비꼬는 사람들이 댓글을 달면서 인터넷이 시끄러워진 거예요."

아, 요즘 청소년들(실상은 20대 청년들까지 포함)에게는 심심하다는 표현이 '하는 일이 없어 지루하다' 하나로 입력되어 있구나 싶었다. 참 안타까운 일이 아닐 수 없다.

2000년대 초반까지만 해도 국제학업성취도평가(PISA)에서 우리나라의 읽기 능력은 세계 1~2위권이었다. 하지만 2012년 이후로 점수대가 하락하기 시작해 매년 꾸준히 상승하고 있는 과학, 수학 능력과는 반대로 읽기 능력은 눈에 띌 정도로 하락했다. 이제는 한국인이기 때문에 가지고 있는 몇 가지 당연한 생각들인 우리의 고정관념을 바꾸어야 할 시점이다. '국어가 제일 쉬워', '글자만 읽을 수 있으면 글은 누구나 읽을 수 있어', '읽을 수만 있으면 글의 의미를 모두 이해할 수 있지' 등 우리가 흔히 하는 생각들에 전면적인 수정이 필요하다.

우리 아이들은 더 이상 읽으면 이해할 수 있는 세대가 아니다. 소위 말하는 '신문맹족'으로 잘못하면 글자를 읽으면서도 그 의미는 절반도 이해하지 못하는 아이들로 자랄 수 있다. 이 슬픈 사실을 이제는 인정할 때이다.

일단 제대로 읽기부터
시작해야 합니다

시간이 지날수록 집집마다 책꽂이는 점점 빼곡해지지만, 아이들의 읽기 구멍은 커지고 있다는 것을 느낀다. 특히 수업을 진행할 때, 책을 읽고 만났는데도 책 내용 중 기본적이고 단순한 내용에 대해서 서로 이야기를 나눌 수 없는 경우가 많다. 그럼 아이가 정말 책을 읽었는지가 의심되지만 그렇다고 마냥 의심할 수도 없다. 읽었다는 아이에게 의심의 눈초리로 재차 확인하는 과정이 반복될수록 아이는 책에서 멀어지기 때문이다.

이때 아이가 정말 다 '읽었다'라고 말하는 것은 책장을 넘기면서 끝까지 '보았다'는 것을 의미하는 것일 거다. 아이는 놀지도 않고 책을 끝까지 보았는데 자꾸 안 읽었다고 의심하는 어른들이 야

속할 것이다. 하지만 교사나 학부모는 속이 터진다. 내용도 모르면서 당당하게 읽었다니. 이 문제를 해결하기 위해 우리에게 필요한 것은 아이와 어른들의 공통된 '읽었다'는 기준이다.

지금 문제는 책을 '읽다'와 책의 글자를 '보다'를 같은 의미로 받아들이고 있어 발생하는 것이다. 그러니 읽었다는 공통 기준을 '다 읽었다면 내용을 말할 수 있어야 한다'로 정하면 된다. 이 기준을 책을 읽기 전 아이들에게도 명확하게 설명한다.

"책장을 넘기면서 끝까지 보았다고 읽은 것이 아니야. 읽으면서 책의 내용을 머릿속에 정리해야 해. 그리고 그걸 말할 수 있어야 하고. 그게 책을 읽은 거야."

그리고 이후부터 "다 읽었니? 그럼 내용을 간단하게 말해줄래?"라는 한 마디면 된다.

제대로 책을 읽는 것에 익숙하지 않은 아이에게 책을 읽을 때마다 읽은 내용을 확인하는 일은 교사나 학부모 그리고 학생들에게도 만만치 않은 일이다. 이야기 글이라면 우선 주요 등장인물들을 찾고, 책을 읽어 나가면서 그들이 한 일이 무엇인지를 파악하며 읽게 한다. 이를 힘들어하면, 주인공을 자신의 이름으로 바꿔서 읽게 한다. 그러면, 마치 자기의 이야기라고 느껴 이야기를 따라가기 좀 더 쉽고 흥미롭게 된다.(구체적인 이야기 글을 요약하는 방법은 3장에서 다룰 것이다.) 그렇게, 여러 차례 반복하며 방법을 터득한다면, 그 이후부터는 어느 때라도 이야기 글을 읽고 자연스럽게 그리고 빠른 시간 내에 자신이 읽은 내용을 간략하게 요약할 수 있는 기본적인 능력을 장착하게 된다.

현장에서 보면 책보다 만화나 영상을 많이 접하는 친구들은 그렇지 않은 아이들보다 요약하는 것이 많이 더디다. 만화는 기본적으로 간단한 대화체 글과 상세한 그림으로 상황을 표현한다. 또 아이들이 만화책을 즐기는 이유가 그것이 학습 만화라 할지라도 일종의 코미디쇼를 보는 마음과 같이 자극적이고 우스꽝스러운 그림과 표현이 재미있기 때문인 경우가 많다. 그러다 보니 만화책을 읽는 친구들에게 책의 전체 줄거리를 꿰어 요약하는 능력을 바랄 수 없다. 더구나 영상은 그 내용이 눈앞에 움직이며 음성으로까지 전달하니 스스로 내용을 이해하기 위해 노력할 필요가 없다. 그에 비해 독서는 다르다. 가만히 누워있는 활자를 일으켜 세워 내 머릿속에서 만화가처럼 영화감독처럼 구체적으로 형상화해야 한다. 그 과정을 통해 지식을 얻고, 문해력을 발달시키고, 나만의 생각을 도출할 수 있다.

영상 세상이라고 하지만, 여전히 아이들은 배우고 공부한 대부분의 학습 능력을 글로 된 문제로 검증받는다. 성인이 되어서 보는 시험도, 사회에 나와서도 크게 다르지 않다. 세상의 모든 정보는 글이 중심이다. 보고서를 읽고 쓸 때도, 친구와 메신저를 사용할 때도 모두 글이다. 글을 제대로 읽는다는 것은 아이들에게 삶을 제대로 살 수 있는 밑거름을 주는 것이다.

이전에는 독서라는 말이 상위 개념으로 문해를 품고 있었지만, 요즘은 글이나 책을 읽고 이해하는 능력인 문해력을 강조한다. 글을 읽는 행위를 독서보다 구체적인 낱말로 표현하는 것이다. 아이들이 눈으로는 책을 보지만 머리로는 딴생각을 하니, 구체적으로 책을 읽고 이해하는 능력을 콕 짚을 단어가 필요했던 모양이다.

책을 많이 보는데 아이의 문해력이 의심된다면 읽는 방법이 제대로 되어 있는지 꼭 확인하자. 그리고 결과에 실망하지 말자. 아이에게 제대로 된 가이드만 제시한다면 제대로 된 길로 돌아올 수 있다. 그게 아이의 능력이다.

문해력은
요약 능력에 달렸습니다

날이 갈수록 어려워지는 수능의 '언어영역', 이것을 해결하기 위해서는 문해력밖에 없다는 말은 학부모와 학생을 불안하게 만든다. 수학문제처럼 명확한 풀이법이 있는 것도, 암기 과목처럼 외우면 해결되는 것도 아니다. 구름처럼 있기는 한데 잡으면 아무것도 잡히지 않는 문해력. 이것은 도대체 어떻게 해야 키울 수 있는 것인가. 최근 학부모 상담에서 가장 많이 듣는 질문 역시, "문해력을 어떻게 키울 수 있죠?"다.

"어머니가 이미 하고 계시잖아요."

내 대답을 듣고 "제가요?"라며 믿지 못하겠다는 반응이 많다. 문해력을 키우는 해결 방법이 있다고? 게다가 내가 이미 하고 있다고?

어리둥절한 표정으로 나를 보는 어머니들에게 나는 이어 말한다.

"요약하기요. 그게 문해력을 키우는 최고의 방법이에요."

이미 부모들은 본능적으로 아이들에게 요약을 요구하고 있다. 아니라고 생각한다면, 아이에게 책을 다 읽었는지 물어본 적이 없는지 돌아보기를 바란다. 아이가 다 읽었다고 대답하면 기다렸다는 듯이 "그럼, 읽은 내용 말해 봐."로 이어진다. 혹 "아직이요."라고 하면 "읽은 곳까지 말해 봐."라고도 한다.

부모의 요구에 아이는 책에 쓰여있는 글을 조사 하나 빼놓지 않고 이야기하지는 않을 것이다. 인상 깊었던 장면이든지, 본인이 중요하다고 생각한 장면이든지 특정 내용을 중심으로 어느 정도 스스로 정리해서 이야기한다. 이렇게 읽은 내용을 정리해 말하는 것이 바로 요약이다. 요약은 문해력이 강조되기 전부터도 교육열이 남다른 강남 한복판에서 수업을 진행하면서 학부모들이 가장 많이 요구하는 부분이기도 했다.

그래서 나는 아이와 첫 수업을 할 때면 대략 7~12분 정도 걸리는 짧은 단편을 읽힌다. 다 읽고 나면 읽은 내용을 말하게 하거나 고학년 이상일 경우에는 요약하여 글로 쓰게 한다.

이때 학생들의 읽는 태도를 보면 몇 가지 확인할 수 있다. 집중해서 읽는 아이, 책장을 앞쪽으로 넘겼다 뒤쪽으로 넘겼다 하며 읽는 아이, 읽어야 하는 부분이 얼마나 남았는지 뒷장을 확인하는 아이, 중간중간 딴짓을 하는 아이, 읽은 내용에 대해 자꾸 질문을 하는 아이. 이런 친구들은 일명 '독서 신입아'라고 볼 수 있다. 아직 읽기를 어떻게 해야 하는지 제대로 모르는 상태다. 즉, 제대로 읽기부터 먼저 해야 한다.

읽기에서 통과했다면 다음은 요약하는 태도다. 책을 펼쳐 놓고 보면서 부분적으로 베껴 쓰는 아이, 1~2줄 대충 쓰고 다 썼다는 아이, 뭘 써야 할 지 몰라 옆 친구들의 것을 힐끔거리는 아이 등은 요약이 무엇인지 기초도 모르는 상태다. 가장 바른 태도는 책을 다 읽고 나서 덮어둔 상태로 쓰는 것이다.

문해력이 자신이 읽은 글을 이해하는 능력을 일컫는다면, 이를 높이기 위해 필요한 것은 읽은 내용을 요약하여 정리하는 것이다. 다만 요약은 약간의 기술이 필요하다. 그래서 우리는 이를 초등학교부터 중학교까지 학교에서 배운다. 하지만 안타깝게도 대부분 학생들이 요약하기를 체화할 충분한 시간과 기회가 없는 것이 현실이다. 그렇게 중요한 요약하기는 스쳐 지나가는 단원의 일부가 되어 버리며 문해력은 점점 문제가 되고 있다.

성인이 되어 취미로 독서를 하는 상황이 아니라면 의도를 갖고 글을 대하는 습관을 들여야 한다. 사실 성인이 되어 독서를 취미로 즐기는 사람은 어릴 때 자신도 모르게 책을 읽으며 머릿속으로 의식하든, 의식하지 않든 내용을 요약하는 것이 습관으로 잡혀 있다.

안타깝게도 현재 아이들은 과거만큼 스스로 독서습관을 가질 여유가 없다. 각종 영상물이 넘쳐나는 주변 환경, 일찌감치 시작되는 학습 등이 이유다.

과거에는 책을 처음부터 '읽지' 않더라도 많이 '보고' 또 '보다' 보면 책에 폭 빠져드는 때가 오고 그럼 자연스레 '읽는' 단계로 넘어가기도 했다. 그러나 지금은 아이에게 책보다 강렬한 자극이, 중요한 일들이 있기에 책에 빠져드는 때를 만나기 어렵다. 그래서 한 권, 한 권을 씹어 소화하듯 읽어야 한다.

대충 씹어 삼킨 음식은 몸에 영양분을 제대로 공급하지 못하고 빠져나가 버린다. 음식을 꼭꼭 씹듯, 요약을 통해 읽을 때 핵심을 찾아내고, 중심 내용을 선별하여 내용을 이해하고 재구성하는 습관을 기를 수 있다. 반복적인 요약 활동으로 읽은 책이 그대로 빠져나가지 않고 머리에, 가슴에 남아 아이의 삶에 훌륭한 자양분이 될 것이다. 이렇게 요약이 익숙해지면, 책 내용에 대해 스스로 질문하고 답을 생각해보는 깊이 있는 사고 훈련으로 이어질 수 있다.

말에 핵심이 없는 건
요약력이 약하기 때문입니다

문자를 읽고 이해하는 방식은 몇백 년 전에 보급된 정보 취득 방법이다. 기술은 가장 자연스럽고 쉬운 방향으로 발전하기 때문에 결국 사람들은 가장 쉽게 정보를 취득하는 방식인 영상을 더 많이 선택하는 방향으로 갈 것이다. 이것은 갈수록 유튜브, 넷플릭스, 틱톡 등 동영상 플랫폼이 인기를 끄는 현상을 설명한다.

인터넷의 발달 이후, 온라인을 통해 정보를 얻을 때 빠르게 필요한 부분만 훑어 읽는 모습을 관찰할 수 있다. 글이 아닌 다양한 형태의 디지털 콘텐츠를 통해 정보를 검색 및 활용하면서 사람들은 점점 긴 글을 읽고 싶어 하지 않는다. 어린이나 청소년들은 아예 정보를 찾을 때 유튜브에서 검색해 영상자료로 찾는다.

이러한 현상을 증명하듯, 인터넷에서 '긴 글 주의'라는 경고가 붙은 제목을 쉽게 찾을 수 있다. 조금이라도 길어지는 글에는 어김없이 '누가 3줄 요약 좀'이라는 댓글이 있다. 영어권에서도 'TL;DR'라는 신조어가 있다. 'Too Long; Didn't Read(너무 길어서 읽지 않았다)'는 말이다. 이처럼 길어서 읽지 않는 세대들을 위한 요약 콘텐츠 산업이 등장하면서 책이나 영화, 드라마, 스포츠까지 대부분 콘텐츠를 짧게 요약해주는 서비스가 주목받는 추세이다. 이러한 추세에 맞춰 긴 기사는 카드 뉴스로 만들거나 AI를 이용해 자동으로 3줄 요약해주는 서비스가 생겨났다.

요약을 돈 주고 사고파는 시대. 필요는 느끼지만 스스로 하지 못하는 요약력이 약한 아이들은 다음 5가지 공통된 특징을 가졌다.

첫째, 객관성이 부족하다. 요약을 할 때는 글의 내용 중에서 가장 중요한 핵심을 찾아서 정리해야 한다. 하지만 요약력이 약한 아이들은 객관적으로 중요한 것을 찾기보다는 주관적으로 자신이 중요하다고 생각하거나 끌리는 부분을 찾아서 요약한다.

둘째, 핵심이 없다. 요약의 주요 원칙 중에 선택의 원칙은 중요한 것과 중요하지 않은 것을 구별하는 것이다. 그런데 요약력이 약한 아이들은 중요한 부분과 그렇지 못한 부분을 찾지 못한다.

셋째, 요약한 내용이 너무 짧거나 너무 길다. 요약하기의 양이 정해진 것은 아니지만 한 줄로 대충 요약하거나 내용 대부분을 옮겨 쓰듯이 해서는 안 된다. 예를 들어 다섯 문단의 글이 있다면, 한 문장으로 요약하는 것도 부족하지만, 전체 글 길이의 절반 이상 분량이 되었을 경우도 요약을 잘했다고 보기 힘들다.

넷째, 한 문장이 길다. 요약한 내용이 한 문장으로 길게 길게 이루어진 경우가 상당히 많다. 요약한 내용을 상대방에게 정확하게 전하기 위해서는 적절한 문장의 길이에 맞추어야 하고, 여러 문장이 유기적으로 연결되게 구성해야 하는데 그런 능력이 부족하다. 심한 경우에는 10줄이 한 문장이 되기도 한다.

다섯째, 낱말이나 어절이 반복된다. 예를 들어, 소설이나 이야기의 경우, 요약한 문장마다 주어나 서술어, 접속사가 반복되는 경우도 많다. 그 외에도 불필요한 어휘들이 반복적으로 나타난다.

이런 요약력이 약한 아이들의 특징을 말하면, 성인들도 난감해한다. 이는 아이들에게만 국한된 문제가 아니기 때문이다. 요약이라는 활동이 쉽지 않다. 글을 읽는 것을 넘어서 이해하고 주요 단어를 사용하여 전체 내용을 표현해야 한다. 우리가 흔히 듣는 문해력을 습득하는 프로세스와 같다. 다행히 요약은 문해력과 달리 과정을 따라 찬찬히 반복하다 보면 습득의 정도가 눈으로 확인된다.

아는 문제를 틀리는 건
요약 때문입니다

읽기 능력과 학습의 관계에 대한 재미있는 비유가 있다. 심리학자인 케이트 스타노비치(Keith Stanovich)는 독서와 관련해 '어릴 때부터 높은 읽기 능력을 가진 아이들은 어른이 되어서도 뛰어난 읽기 능력을 유지하지만, 초등 중학년까지 읽기 능력에 문제를 가진 아이들은 학년이 올라갈수록 점점 더 독해에 어려움을 겪는다'는 연구 결과를 발표하며, 이것을 '마태 효과(Matthew effect)'라고 이름 붙였다. 이는 성경에 있는 구절을 인용한 것으로 읽기 능력의 '부익부, 빈익빈' 현상을 의미하는 말이다. '마태 효과'는 여러 사회적 상황에 적용되지만, 특히 읽기 능력과 아동의 발달, 학습 능력의 상관관계를 보여주는 현상이다.

조금이라도 교과나 학습, 대학입시에 관심이 있는 사람들이라면 우리나라 교육이 얼마나 독해력에 좌우되는지 알 것이다. 물론 이때의 독해력은 단순한 내용의 이해 차원이 아닌 추론이나 적용, 분석과 평가까지 포함한 넓은 의미다.

대학입시를 위해 3월, 6월, 9월에 치르는 고등학생들의 국어 모의고사 문제와 답을 맞출 때마다 아이들과 하는 이야기가 있다.

"제발 읽고 싶은 대로 읽지 말고, 쓰여 있는 대로 읽어."

"선생님, 제시문에 답이 나와 있었는데, 왜 제 눈에는 안 보이고, 선생님이랑 같이 풀면 보일까요?"

"그러니까 문제와 답을 대충 읽지 말고, 꼼꼼하게 끝까지 읽어. 왜 매번 보기를 중간까지만 읽니?"

대입 수능 시험에서 좋은 성적을 받으려면 제시문을 정확히 정독해야 한다. '이럴 것이다'는 추측으로 읽기를 중간에 멈추면 안 된다. 반드시 끝까지 제대로 읽어야 한다. 대략 대입 수능 제시문이 한 편당 1,000자에서 길면 2,000자가 넘는다. 이런 긴 제시문에서 빠른 시간에 중요한 개념이 무엇인지, 이야기하는 의도가 무엇인지 핵심 내용을 찾는 것은 물론, 제시문을 통해 정보를 추론하거나 그 의미를 현실에 비판적으로 적용하는 것까지 가능해야 한다.

수능에서 읽기는 제시문 독해를 통해 아이들의 다양한 사고를 측정하는 도구로 쓰이고 있는 셈이다. 이런 읽기는 문, 이과를 지

원하는 학생들에게만 해당하는 문제는 아니다. 지금은 외국에서 공부하고 있는 제자가 고등학교 3학년 때 서울의 모 대학 산업디자인과에 지원했다. 당시 실기시험을 보고 온 아이는 시험장 분위기가 안타까웠다고 했다.

"선생님, 시험문제가 어떤 대상을 주고 그것을 해체와 재조합을 통해 재구성하라는 거였거든요. 그런데 그림을 못 그려서 문제가 아니라, 칠판에 써 놓은 문제 뜻을 순수하게 몰라서 그림을 못 그린 애들이 있어요. 몇 시간 동안 그림을 시작도 못 하고 연필만 만지작거리다가 울면서 나간 애도 있고요."

문해력에 문제가 있다면 당연히 읽어도 독해가 제대로 되지 않을 테고, 독해가 제대로 안 된다는 의미는 국어든, 과학이든, 수학이든 학습과 시험에 심각한 문제가 있다는 의미와 같은 말이다. 수학 문제를 이해하지 못해서 나에게 수업을 맡기는 엄마가 늘고 있는 것도 같은 맥락이다.

내 아이가 마태효과의 득을 보는 '부익부'편에 서 있다면 더없이 다행이겠지만, 만약 '빈익빈'편에 들어간다면 아이의 학습 수준과 상급학교 진학은 장담하기 어렵다. 그러니 이제는 문해력을 높여 전반적인 공부력을 끌어올릴 방법을 생각해야 한다.

문해력이라는 목적지로 가는 길은 다양하다. 학년에 따라 어휘력을 먼저 길러야 한다고 주장하는 사람도 있고, 다양한 독서를 통해 배경지식을 쌓으라고 충고하는 사람도 있을 것이다. 창의적 활동을 통해 사고력을 키우라는 사람, 다양한 주제를 가지고 토론을 하며 비판적 사고를 기르라는 사람까지 너무나 다양한 길을 권하는 시대다. 이런 수많은 주장이 난무하는 시대에 내가 문해력과 공부력을 키우려는 아이들에게 권하는 최상의 길은 요약 활동이다. 요약을 단순히 긴 줄거리나 많은 정보를 짧고 간단하게 줄이는 활동 정도로 알고 있다면 이 글 이후로는 그런 편견은 버려야 한다.

일단, 요약하려면 책이든 제시문이든 글 속에 포함된 중요 어휘의 의미를 제대로 알아야 한다. 설사 중요하지 않더라도 새로 알게 된 어휘의 의미를 포함시켜 전체 글을 정확히 읽어야 무슨 의미의 이야기가 글 속에 담겨 있는지 파악할 수 있다. 그리고 전체 글에서 중요한 내용이 무엇인지 중요도를 가릴 수 있어야 한다. 그래서 중요도에 따라 중요하지 않은 정보는 삭제할 줄 알아야 한다. 중요한 정보를 모두 취합했으면 완성된 한 편의 글이 되도록 내 말로 바꾸어 문장화시켜야 한다. 이 과정에서 전체 이야기나 정보를 내가 말하거나 전달하고 싶은 구조로 재배열해야 한다. 이 복잡한 활동 과정에서 중간에 왜 그 사건이 일어나야 했는지, 혹은 그 정보의 진짜 의미가 무엇인지를 읽는 사람들이 놓치지 않도록 적당히 의미 있는 정보를 포함시키는 작업도 잊어서는 안 된다. 이 과정을 모두 글로 써야 하니 말 그대로 독해력과 각종 사고력, 정보의 해석, 글쓰기와 일종의 창작 능력까지 내가 동원할 수 있는 능력이란 능력은 모조리 사용해야 한다.

즉, 문해력이라는 산 정상으로 가기 위해서는 자신이 학습해야 하는 정보를 알고, 이해하고, 해석하고, 새롭게 창작해 말이나 글로 표현하는 그 모든 활동이 집약되어야 한다. 요약은 문해력이라는 산을 오르는 등산로 중에서 가장 빠르고, 확실하게 아이들을 산꼭대기까지 올려줄 수 있는 길이다.

이 과정에서 당연하지만 케이블카를 타고 꼭대기에 도착하는 것은 제외한다. 정상에 도착했다는 것은 같을지 모르지만, 케이블카를 이용하는 것과 직접 산을 오르는 것은 비교하여 말할 수조차 없다. 산을 오르는 과정에서 아이가 오감으로 느끼게 되는 정서적 경험, 내 몸을 직접 사용하는 과정에서 오는 근육 발달, 습득하는 지식, 건강 등이 모두 생략된 채 도착하는 것이 어떤 의미가 있을까. 아이가 평생 케이블카가 설치된 산만 찾게 할 것인가, 자유롭게 가고 싶은 산을 결정할 수 있고, 심지어 자신만의 등산로를 만들며 오르는 능력을 갖추게 할 것인가. 스스로 요약하는 과정이 힘겹다고 해서 '요약 핵심 정리'된 지침서, 문제집만 본다는 것이 어떤 결과를 가져올지 빗대어 생각해 볼 수 있을 것이다. 아이가 케이블카 없이도 높은 산을 오를 수 있다는 자신감 그리고 그에 필요한 기초체력을 갖는 것, 이것이 지금 아이에게 줄 수 있는 가장 큰 선물이다.

요약을 못 하면
공부도 못 합니다

이 책을 집필하는 과정에서 참고 자료를 찾기 위해 도서관과 인터넷 서점에서 '요약'이라는 낱말로 검색을 해보았다. 검색 결과 대부분 시험이나 고시를 대비하기 위한 '요약집', '핵심 요약'과 관련된 책의 목록만 헤아릴 수 없을 만큼 화면을 가득 채웠다. 이미 요약된 책이 아닌 요약하는 방법에 관한 책은 없었다. 요약과 관련된 자료가 없는 것도 새삼 놀라웠지만, 요약집이 너무나 많은 것도 놀라웠다.

전통적으로 공부라는 것은 주어진 자료나 정보에서 핵심이나 중요한 부분을 찾는 일이다. 그래서 시험에서는 그 중요한 부분을 아느냐를 묻는 문제가 나온다. 제대로 공부한다는 것은 스스로 그 핵심을 찾고 정리하여 기억하는 것을 의미한다. 그러나 현실은 다르다. 검색 결과가 말해주듯 스스로 핵심을 정리하지 못해 다른 사람들이 족집게처럼 핵심만을 정리해 놓은 요약집을 들고 공부한다. 물론 이것 또한 하나의 공부법일 것이다. 하지만 스스로는 절대 요약정리할 수 없어 이 방법을 선택한 것이라면 이것은 다른 문제다.

요약은 단순히 글의 양을 줄이는 것이 아니다. 내용적으로 글의 핵심을 파악하여 재구성하는 것이다. 요약을 잘하기 위해서는 이해력과 자기 문장으로 표현하는 능력이 동시에 요구된다. 많은 대학에서 논술 문항에 '요약하기'를 출제하고 있는 것도 같은 맥락일 것이다.

자녀가 중학생이 되면 그동안 해왔던 독서 논술 대신 국어 학원으로 옮기는 경우를 많이 본다. 국어가 교과목 중 하나이다 보니 성적을 올리는 방법으로 국어 학원을 선택하는 것이다. 그리고 독서와는 점점 멀어진다. 이렇게 되면 국어 학원을 다니는 학생들에게 독서는 하고 있지만 학원의 도움을 받지 않는 학생들이 한동안은 밀린다. 전문화된 교사가 집중적으로 시험을 위한 학습을 지도하기 때문이다. 하지만 중학생 시기를 지나 고등학생이 되면 그동안 꾸준하게 독서를 해왔던 학생들이 빛을 보게 된다. 문제집에서 제시되는 짧은 지문만을 보는 게 아니라, 한 권의 책에서 깊이 있는 독서를 통해 문해력을 스스로 다져왔기 때문이다.

수능 대비를 위한 올바른 국어 공부법 관련 정보들이 많은데, 핵심은 빠른 독해력을 키우는 일이다. 수능 국어 시험에서 가장 큰 난제는 80분이라는 제한된 시간이다. 내신 등급이 상위권인 학생들도 지문을 대충 훑어 읽고, 문제를 읽고 그에 따라 다시 지문을 읽는 엘리베이터식 문제 풀기로는 80분이라는 시간이 턱없이 부족할 수밖에 없다. 그래서 빠른 독해력을 키우는 방법으로 한 제시문을 여러 번 반복해서 읽으라는 조언도 한다. 하지만 실제 수능 국어 시험에서는 제시문을 반복해서 읽을 시간이 없다. 한 번을 읽어도 집중해서 제대로 읽어야 한다. 그러려면 읽은 내용을 빠르게 요약할 수 있는 능력이 필요하다. 읽으면서 바로 읽은 내용을 머릿속에서 정리할 수 있어야 시간을 단축할 수 있다.

결국 수능 국어를 대비하기 위한 최선은 꾸준하고 장기적인 깊이 있는 독서다. 다양한 장르의 독서를 하면서 읽은 내용을 짧은 시간에 요약하는 능력을 겸비하는 읽기가 가능해져야 한다. 그러한 읽기를 통해 분석력과 응용력을 길러야만 수능 국어를 정복할 수 있다.

내신도 마찬가지다. 가끔 중학생이나 고등학생들의 국어와 사회 과목의 시험 준비를 도와줄 때가 있다. 이때 시험공부는 학교에서 담당 선생님께 배운 내용이 바탕이므로, 나는 가르치는 것이 아니라 보조 역할만 한다. 우선 아이들에게 관련 교과서와 공책 또는 배부된 유인물 자료를 모두 가져오게 한다. 그리고 시험 범위의 교과서를 펼쳐보게 한다. 그럼 아무것도 필기가 되어 있지 않은 경우가 있다. 해당 과목 공책은 애당초 있었던 적이 없거나 그나마 유인물에 몇 글자 끄적인 것이 있으면 다행이다. 여기까지 확인한 후, 아이에게 학교에서 배운 내용을 내게 말하라고 시킨다. 그럼 돌아오는 것은 당황한 아이의 눈동자와 정적이다. 이런 황당한 상황이 비일비재하다.

요즘 아이들은 어떻게 공부하는 걸까. 왜 책도 공책도 깨끗한 걸까. 학교 선생님이 수업 시간에 하시는 말씀을 정리해서 필기하는 것은 공부의 기본이다. 그러기 위해서는 수업을 들으며 빠르게 요약해 적어야 한다. 그런데 요즘 아이들은 이 부분을 놓친다. 이유는 크게 아이들의 요약 실력과 믿는 뒷배 때문이다. 예전에는 수업 시간에 선생님이 하시는 말씀을 놓치면 성적과 직결되었다. 그러다 보니 자신도 모르게 집중하고 핵심을 파악하려는 습관이 생기게 되었다. 이것이 되풀이되면서 요약하는 능력도 같이 증가했다. 하지만 요즘 아이들은 그렇지 않아도 핵심을 파악하는 실력이 과거보다 덜한데다, 수업 시간에 내용을 놓치더라도, 학원, 요약정리된 참고서, 일명 족보라 불리는 기출 문제집 등이 있다. 그러니 굳이 피곤하게 수업 시간에 집중해 스스로 요약하지 않는다.

1장 어머니, 요약만 잘해도 문제없는 아니랍니다

학생은 교과서가 기본 교재여야 한다. 교과서를 통해 전체적인 흐름을 이해하고 그 이해를 바탕으로 스스로 핵심적인 부분을 찾아야 한다. 그 후에 요약된 참고서를 보는 게 순서다. 그래서 나는 초등 때부터 수업해온 중, 고등학교 학생들에게는 학기가 시작되기 전에 교과서를 받으면, 일단 교과서를 먼저 통독하도록 시킨다. 이때 붙이는 메모지를 준비한다. 그리고 문학과 비문학 작품으로 나누어, 문학 작품일 경우에는 이야기 구성 3요소 중에 인물과 사건을 간략히 정리하여 메모지에 쓰도록 한다. 비문학이나 다른 과목 교과서의 글일 경우에는 글에서 반복적으로 나오는 낱말이나 핵심어라고 생각되는 낱말 10개를 메모지에 기록하게 한다. 아직 학교 수업이 시작되기 전이니 책에 직접 표시하지 않도록 한다. 그리고 부분 발췌되어 실린 작품이 있다면 전체를 읽을 수 있도록 해당 도서를 준비해서 읽히기도 한다. 예습의 의미다.

최근에 읽은 한 책에서는 '요약은 굉장히 고급스러운 읽기 기술'이라고 했다. 꽤 공감하는 문장이다. 요약하며 읽기는 문해력 가운데에서도 가장 중요한 핵심적인 능력이다. 요약은 스스로 읽은 내용을 점검하는 역할을 한다. 요약을 잘했다는 것은 텍스트 전체의 내용을 정확하게 이해했다는 것이다. 그러다 보니 요약하면 읽은 내용을 오랫동안 기억할 수 있다.

정보 전달이 빠르고 다양하게 대량으로 이루어지고 있는 21세기 정보화 사회에서, 읽기 과정을 통해 텍스트의 내용 중 가장 일반적이고 중요한 내용들을 찾는 요약하기 전략은 모든 학습을 위한 기초라고 할 수 있다.

학교에서 이미
요약하는 법을 배웠습니다

　요약의 중요성은 국어 교육 현장과 학계 모두에서 강조하고 있다. '요약'과 관련된 도서는 찾기 힘들었지만, 관련 논문은 제법 많이 있다. 해당 논문들 모두 '요약'이 매우 중요함에도 실제 교육 현장에서는 성취 수준이 낮다고 입을 모은다. 또한 대부분 논문에서 공통으로 요약하기 활동은 반복적인 학습이 중요한데, 이것이 충족되지 않아 성취 수준이 낮다고 지적한다.

　요약하기는 상당한 시간의 연습이 필요하고 학생들이 직접 해봐야 익힐 수 있는 활동이다. 그런데도 대부분 교육 현장에서는 학생들의 실제 연습보다 교사가 학습할 내용을 알려주고, 학생들은 이를 수동적으로 받아들이는 방식으로 학습이 이루어진다. 그 결과, 학생들에게 주어진 글을 요약하라고 하면 자신의 눈에 띄는 부분을 정리해 버리기 일쑤다.

우리가 학생들을 지도할 때 기준이 되는 자료가 있다. 바로 '교육과정'이다. 교육과정은 정부차원에서 최고의 교육 전문가들이 아이들의 뇌·신체 발달에 맞춰 구성한 최상의 프로그램이다. 즉, 교과서에서 어떤 핵심을 소개하는 시기가 해당 나이의 아이가 그것을 받아들이기 가장 적합한 때라고 이해하면 좋다. 그리고 그 학습의 단계 역시 최적으로 짜여 있다.

그렇다면 '요약하기'는 교육과정에서 언제쯤 학습하게 될까. 교육과정에서 요약하기는 초등학교 2학년에 살짝 언급하고, 교과 과목이 분화되는 초등학교 3학년 문단의 중심 문장 찾기부터 본격적으로 다룬다. 이후 요약하기와 관련된 학습은 중학교에서 요약의 개념과 규칙을 배우고 이어서 수능 국어 독해까지 이어진다.

국어의 교수·학습 내용은 학년별 내용요소가 학년 간에 연계성 있게 구성되어 있다. 다음 표는 초등 국어과 '쓰기' 영역 내용 체계표 중 일부로 글의 목적에 따라 학년별로 지도해야 할 글쓰기가 한눈에 나와 있다. 글을 읽고 내용을 간추리거나 내용을 요약하는 학습은 초등 1~2학년부터 중학교 3학년(군)까지 연계성을 갖고 학습하고 있다. 특히 초등 1~2, 3~4, 5~6학년 모두 요약하기와 관련된 성취기준이 포함되어 있어 6년 내내 요약하기를 배우고 있다고 보아야 할 것이다.

교과서 글을 읽고, 제시된 활동을 하며 영역별 성취기준에 도달하는 것이 1차 목표이다. 여기서 한 걸음 더 나아가 생활 속에서 접하는 다양한 정보에 대한 이해를 확대하고, 읽은 글을 정리하고 요약하는 활동이 이루어져야 학교의 국어과를 비롯한 다른 과목에서도 힘을 발휘할 수 있다. 요약은 국어과에서 배우지만 수능 때까지 전 과목에서 요구되는 활동이다. 또 한 가지 팁으로 말하자면 교과

● 국어 교육 내용 체계 중 요약하기 학습

핵심 개념	학년(군)별 내용 요소			
	초등학교			중학교
	1~2학년	3~4학년	5~6학년	1~3학년
▶읽기의 방법 • 사실적 이해 • 추론적 이해 • 비판적 이해 • 창의적 이해	• 소리내어 읽기 • 띄어 읽기 • 내용 확인 • 인물의 처지·마음 짐작하기	• 중심 생각 파악 • 내용 간추리기 • 추론하며 읽기 • 사실과 의견의 구별	• 내용 요약 [글의 구조] • 주장이나 주제 파악	• 내용 예측 • 내용 요약 [읽기 목적, 글의 특성]

● 학년군별 초등 국어 읽기 영역에서의 요약하기 성취 기준

학년군	읽기 영역 성취 기준
1~2학년	글을 읽고 주요 내용을 확인한다.
3~4학년	문단과 글의 중심 생각을 파악한다. 글의 유형을 고려하여 대강의 내용을 간추린다.
5~6학년	글의 구조를 고려하여 글 전체의 내용을 요약한다.

서에 수록된 글은 이야기 전체가 아니라 책의 일부인 경우가 많다. 교과서 수록 글의 전문을 읽어 배경지식을 탄탄히 하는 것도 큰 도움이 될 것이다.

최근에 초등학교에서 교사였던 분이 쓴 책을 보았다. '초등 1학년부터 6학년까지 두루 담임을 맡아 지도해보니 다양한 목적의 글쓰기에서도 기본이 되는 건 다름 아닌 요약 능력이었다.'는 구절이 있었다. 글의 제목을 정하는 것, 글의 내용이 바뀔 때 문단을 나누는 것, 한 가지 주제로 글쓰기를 할 때도 글의 완성도를 좌우하는 것이 바로 요약 능력이다.

● 학년군별 초등 국어 요약하는 글쓰기 지도 내용

학년군	요약하는 글쓰기	
	관련 단원	지도 내용
1~2학년	[2-2] 9. 주요 내용을 찾아요	글을 읽고 주요 내용을 찾는 방법 알기
3~4학년	[3-1] 5. 중요한 내용을 적어요	메모했던 경험 나누기, 내용 간추리며 듣기
	[3-2] 2. 중심 생각을 찾아요	글을 읽고 중심 생각을 찾는 방법 알기
	[4-1] 2. 내용을 간추려요	들은 내용 간추리기
5~6학년	[5-1] 3. 글을 요약해요	구조를 생각하며 글 요약하기 자료를 찾아 읽고 요약하기
	[5-2] 7. 중요한 내용을 요약해요	글의 구조에 따라 요약하기 다른 과목 교과서를 읽고 요약하기
	[6-1] 2. 이야기를 간추려요	이야기의 구조를 생각하며 요약하는 방법 알기 이야기를 읽고 요약하기

1장 어머니, 요약만 잘해도 문해력은 따라옵니다

2

어머니,
요약에도
기술이
있습니다

공부 잘하는
'요약머리' 만들기

수능시험을 코앞에 둔 고등학교 2~3학년이 되면 엄마들이나 아이들은 마음이 다급해진다. 거기에 3월, 6월 모의고사 점수가 생각처럼 나오지 않으면 말 그대로 속이 탄다. 이때쯤 되면 많은 아이들이 깨닫는 슬픈 사실이 하나 있다.

'내가(또는 우리 아이가) 모국어에 참 약하구나!'

엄마든 아이든 이렇게 발등에 불이 떨어지고 나서 후회하는 불상사를 막기 위해 미리미리 요약을 통한 독해력을 키워야 한다. 그런데 어떤 어머니들은 이런 주장에 반기를 들기도 한다.

"선생님, 글을 잘 읽고 요약을 잘하는 아이가 따로 있더라고요. 저희 아이는 평범해서 문해력도 보통이고, 글을 읽어도 뭐가 중요한지 알지도 못해요. 그런데 아이 친구는 타고나기를 머리가 좋게 태어나 글을 읽으면 저절로 이해하고, 중요한 내용도 콕콕 잘 짚어내더라고요."

꼭 기억하자. 뭐든 저절로 '원래' 잘하는 것이란 없다. 다만 자신도 모르게 이미 훈련을 해서 요약이 잘 되는 '요약머리'를 만들었을 따름이다.

우리 아이도 지금부터 연습을 하면 아이 친구처럼 얼마든지 글을 읽고 중요한 내용을 뽑아 요약을 잘하는 아이가 될 수 있다. 우리의 뇌는 가소성이라는 성질이 있어서 주위 환경이나 학습 등의 자극에 반응해 뇌의 형태와 능력이 끊임없이 변한다. 따라서 지금의 상황에 만족하지 말고, 아이들의 뇌를 학습적으로 바꾸는 노력을 해보자. 일명 '요약머리 프로젝트'를 통해서 말이다.

이 프로젝트의 첫 번째 활동은 자신이 보거나 들은 내용을 다시 떠올려 적어 보는 것이다. 예를 들어서 요즘 아이들이 즐겨 보는 친구의 SNS 사진이나 댓글, 친구와 학교에서 수다를 떤 대화 등 어떤 것이라도 좋다. 그 장면이나 내용을 기억해서 종이에 써 보는 연습을 해보자. 우리는 하루에도 엄청난 양의 정보를 접하고 있다. 이때 그 많은 정보를 그냥 흘려보내는 것이 아니라 잠깐이라도 거기에 반응해 보는 것이 중요하다. 내가 알게 된 작은 정보라도 다시 붙들고 생각이라는 걸 하게 되면 그것이 궁금증이든, 판단이든,

평가든 간에 사고력이 작동하게 된다. 자신이 보거나 들은 것을 글로 다시 써 숙고하고, 가려내 보자. 우리의 사고력이 그 순간 발동된다는 것 자체가 '요약머리'로 변화하는 것임을 기억하자.

두 번째 활동은 책이나 TV를 보고, 자신이 본 내용에 대해서 질문을 해 보는 것이다. 첫 번째 활동의 심화편이라고 할 수도 있겠다. 첫 번째 활동이 단순히 기억을 떠올려 적어 보는 행동이라면, 두 번째 활동은 좀 더 적극적이다. 자신이 본 내용에 대해 궁금한 것을 찾고, 다양한 질문을 만들면 된다. 예를 들어 한 예능 프로그램에 나오는 장면을 보고, '왜 그런 말을 했을까?', '정말 연예인들의 말이 사실일까?', '나는 저런 경험이 있었나?' 등을 질문하며 그에 맞는 답도 생각해 본다. 질문을 만들어 본 사람은 알겠지만, 의외로 아주 간단해 보이는 질문도 막상 해보려면 잘되지 않는다. 질문도 결국은 연습하는 만큼 능숙해지기 마련이다. 이것은 단순히 기억을 떠올리는 것보다 훨씬 능동적이고 복합적인 사고 훈련이다.

세 번째 활동은 네트워크 형태로 정보를 기억하는 연습이다. 엄밀히 말하면 요약이란 우리가 알아야 하는 모든 정보 중에서 내가 중요하다고 생각하는 내용들만 쏙 뽑아 머릿속에 저장하는 행위라고 할 수 있다. 이것은 우리의 일상생활에도 그대로 적용된다. 보통 사람들은 엄마나 선생님의 모든 잔소리를 염두에 두지는 않는다. 단지 그중에서 꼭 지켜야 하는 내용만 뽑아 나름의 기준으로 요약한 후에 기억할 뿐이다. 그래야 다음부터는 그 행동을 하지 않을 것이고, 엄마나 선생님께 혼나지 않기 때문이다. 이때 우리가 알아야 하는 정보들을 하나씩 독자적으로 기억하기보다는 내가 예전에 알고 있던 정보와 연결지어 기억한다든지, 평소에 관심 있던 특정 주제와 연결해 떠오르게 하는 네트워크식 기억 방법이 효과적이다. 예를 들면 조선시대에 생긴 역사적 사건과 그 인물들을 연결해서 외우고, 그 인물들이 연관된 다른 일들을 함께 연결해 기억하는 식이다. 핵심 정보를 연결해 보고, 기억하려고 노력하는 과정에서 두뇌가 끊임없이 정보를 압축하고, 사고하는 활동을 하게 된다. 이런 활동들이 쌓이면 '요약머리'를 갖게 된다.

글이 어려울 때는
말로 먼저

"선생님, 이번에는 요약 안 하면 안 돼요?"

"왜 그러는데?"

"중요한 내용을 찾을 수는 있는데요, 글로 쓰는 게 어려워요."

중요한 부분을 찾는 게 어려워서 그렇지, 찾기만 하면 문장으로 만드는 건 쉬운 거 아닌가 하고 생각할 수 있다. 하지만 전혀 아니다. 글을 쓴다는 것은 그렇게 만만한 과정이 아니다.

아주 현실적으로 본다면 아이들이 중요한 부분을 찾는 것은 힘들지만 할 수는 있다. 일단 펼쳐진 글에서 진짜 중요한 부분이든 엉뚱한 부분이든 고르면 되기 때문이다. 내가 찾은 게 정말 중요한지에 대한 검증은 나중에 고민할 문제이다. 글을 쓸 필요가 없고,

밑줄만 그으면 간단히 해결된다. 요즘 아이들은 상상 이상으로 손으로 글씨 쓰는 것을 귀찮아한다. 그런 아이들에게 눈으로만 찾으라니 그 정도는 해 줄 수 있는 것이다. 일단 귀찮지 않으니까.

문제는 그 다음부터다. 각자 찾아 둔 중심 문장들과 키워드를 잘 엮어 특히 나 같은 경우 절대 문장을 베끼지 말라고 하니 자기 말로 연결해서 그럴듯하게 이어지는 요약문을 써야 한다. 보통은 그 단계가 가장 어렵다고 한다. 생각을 많이 해야 해서 머리가 아프다나? 그 이야기를 들으면 안심이 된다. 머리가 아프다는 말은 뇌에 있는 뉴런들이 열심히 일하고 있다는 의미고, 내가 제대로 아이들에게 공부다운 공부를 시키고 있다는 방증일 테니 말이다.

"그렇게 힘들어? 그럼 일단 정리해서 말로 해 볼래?"

"네, 말로 할래요. 말로 하는 게 좋아요."

이렇게 순식간에 해맑아질 수가! 연체동물처럼 의자에서 흘러내리던 아이들에게 순식간에 생기가 돈다. 너무 힘들어하는 아이들에게 처음부터 글로 쓰지 않고, 요약문을 말로 정리해 보도록 해 보자. 같은 내용이라도 글로 조직해서 쓰는 것보다는 정리한 내용을 말로 표현하는 것이 아이들 입장에서는 쉽다는 느낌이 들기 때문이다.

"잘 정리했네. 그럼 지금 말한 것을 글로 옮겨 적어 볼까?"

"아, 반칙이에요. 글씨 쓰기 싫어서 말로 한 건데."

입을 비쭉이며 반항을 하지만, 결국 집중해서 쓱쓱 써 내려간다. 아이도 이미 말로 한 번 정리한 후이기 때문에, 훨씬 수월하게 글로 쓸 수 있음을 알고 있기 때문이다. 이때 다음에 소개할 구체적인 요약 규칙을 알려주면 아이들에게 도움이 된다.

요약 글
5가지 절대 규칙

글로 쓰는 요약에는 꼭 지켜야 하는 규칙이 5가지 있다.

첫째, 제시문 속의 문장을 그대로 베끼면 안 된다. 요약을 처음 할 때 중심 문장이나 동화의 중요 장면 속 문장을 그대로 베끼려는 아이가 있는데, 절대 그래서는 안 된다. 한 번 베끼는 습관이 들면 앞으로도 자기가 문장을 만들 생각을 하지 않는 경우가 많다. 또 자기 말로 쓰는 요약문장들 사이에서 남의 글을 베낀 문장은 어딘가 튀고, 조화롭지 못하다. 그렇기 때문에 반드시 중심 내용을 소화해서 자기 글로 바꾸어 말하거나 써야 한다. 그게 첫 번째 주의할 점이다.

둘째, 글의 흐름을 만든다. 반드시 제시문에 나오는 정보나 이야기의 순서대로 요약문장을 만들 필요는 없다. 전체 글의 내용을 재구성해서 자연스럽게 관련된 정보들끼리 묶거나 앞뒤 줄거리를 연결하여 하나의 맥락이 생기도록 한다. 요약하려는 정보의 앞뒤 관련성이나 문장의 연결성을 생각하는 것이다.

셋째, 제시문의 배경과 이야기 전후의 맥락을 파악해서 반영한다. 문학이든 비문학이든 제시문은 특정한 배경이 있다. 개미에 대한 설명글이라면 곤충과 자연이, 아이들의 생활 동화라면 공통적인 그 또래 아이들의 학교생활이나 학원, 가정 같은 배경이 존재한다. 예를 들어 개미에 대한 글에서 제시문 속에는 없지만 개미가 집단생활을 한다는 것, 흙 속에서 산다는 것 등을 밝혀야 내용이 설명된다면 이를 어느 정도는 반영해야 요약문만 읽은 사람이 그 글의 의도나 목적을 정확히 알 수 있게 된다. 배경이나 맥락이 사라진 요약문은 저자가 그 글을 쓴 이유를 알 수 없어져 자칫하면 알맹이가 빠진 글처럼 느껴질 수 있음을 기억하자.

넷째, 가치가 포함된 단어나 문장을 요약문에 넣을 것인가 하는 점이다. 특히 이야기 글의 경우 사건 그 자체만을 요약하면 건조하게 느껴지고 "그래서 그 사건이 뭐 어쨌다고?" 하는 말이 절로 나온다. 다음은 실제 5학년이 박혜선 작가가 쓴 『열두 살 인생』이란 책을 읽고 요약한 문장이다.

'주인공은 부모님이 하시는 중국집에 친구들이 손님으로 왔는

데도 그냥 나가, 옆집 아저씨를 만나 자전거를 탔다.'

이 문장은 내용만 놓고 본다면 사건의 흐름과 맞다. 하지만 책을 읽지 않은 사람이 봤을 때, 대체 왜 친구들이 왔는데도 부모님 가게에서 나가버렸는지, 친구도 아니고 아빠도 아닌 옆집 아저씨랑 자전거를 탄다는 건지 알 수 없다. 이런 경우에는 주변 상황이나 인물의 마음을 표현하는 단어들이 줄거리 내용의 흐름에 맞게 적당히 들어가 주어야 한다. 고쳐 보면 이렇다.

'주인공은 부모님이 하시는 중국집에 친구들이 들어왔지만, 그 중 짝사랑하는 아이가 있어 부끄러운 마음에 가게를 그냥 나왔고, 부모님보다도 자신의 고민을 잘 들어 주는 옆집 아저씨를 만나 자전거를 탔다.'

해당 사건에서는 소개되지 않는 내용이지만, 이전 사건 등을 종합해 인물의 생각과 느낌 등이 포함된 단어나 어구가 들어가야 그 장면이나 이야기의 진짜 윤곽이 드러난다면 이를 넣는 것이 좋은 요약문이다. 이것은 문학이든 비문학이든 동일하다.

마지막으로 글을 요약할 때 필요한 것은 내가 요약해야 하는 대상 글과 내 요약문을 객관적으로 보는 메타인지이다. 메타인지는 쉽게 말해 무엇인가를 위에서 조망하는 능력이다. 차를 주차할 때 운전석에서는 내 차의 주차된 모습을 정확히 알 수 없지만, 만약 건물 10층 정도 위에서 내려다본다면, 내가 주차를 잘한 건지,

아닌지 쉽게 알 수 있는 것과 같다. 내가 쓴 요약문에서 한 발 떨어져서 과연 내가 제시문을 제대로 요약한 게 맞는지, 내 글을 통해 이야기의 배경이나 맥락, 인과관계가 잘 느껴지는지, 문장은 연결성이 있게, 이해하기 쉬운 구조로 썼는지, 인물이나 정보를 저자가 전달하려는 의도대로 잘 요약했는지, 자연스럽게 읽히는지 등을 한 단계 위에서 내려다보듯 평가해 보는 작업이 필요하다. 이런 메타인지를 발휘할 수 있는지 여부가 요약글의 화룡점정이다.

어떤 글에도
적용 가능한 요약 원칙

"선생님, 제가 수업하고 있는 아이들 중에서는 요약을 어려워하는 아이들이 많은데요, 어떻게 요약하라고 하면 좋을까요? 구체적인 요약 방법이 있을까요?"

아이들의 독서나 글쓰기를 지도하는 교사들을 대상으로 한 강의에 항상 나오는 질문이다.

"학령과 아이의 수준에 맞는 제시문을 주시고, 그 글로 요약 연습을 시키는 게 중요합니다."

말은 쉽지만, 실제로 수업 현장에서 아이들에게 요약에 대해 구체적인 방법을 알려주는 게 쉬운 일이 아니란 걸 안다. 또 요약 방법대로 수행한 아이의 결과물을 읽어 보며 내용을 점검하고, 확인해 주는 작업도 만만치 않다는 것도 안다.

사실 반드시 이러저러하게 요약해야 한다는 절대 원칙이나 방법은 없다. 정말 독해력이 뛰어난 사람들은 "어떻게 요약하느냐?"는 질문에 "글쎄, 그냥 읽은 후 생각나는 대로 쓰면 되던데?"라고 답한다. 하지만, 나도 모르게 독해력이 길러진 고수가 아니라면 무언가를 하기 위한 길잡이가 필요하다. 시중에 나오는 독서나 읽기 관련 책들을 보면 저자들이 나름 사용하는 이러저러한 방법들이 소개되어 있다. 그런 의미에서 이 책에서도 내가 아이들을 가르치며 깨닫고 경험한 방법을 정리해 보려고 한다.

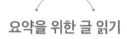

요약을 위한 글 읽기

먼저 요약하기 위해서는 글을 읽을 때부터 '요약을 위한 읽기'를 해야 한다. 아무 생각 없이, 읽히는 대로 읽는 것이 아니다. '요약을 위한 읽기'는 비유하자면 '숲-나무', 혹은 '나무-숲-나무'의 순서로 글을 읽는 것이다. 즉 글을 읽을 때 저자가 어떤 의도로 이 글을 썼는지 목적을 파악하면서 읽는다. 그러려면 작은 정보에 연연하지 말고, 글을 전체적으로 조망한다는 느낌으로 읽으며, 저자가 '무슨 이야기를 하고 싶은지' 책에 질문하며 읽어야 한다.

저자가 이 글을 왜 쓴 것인지 파악이 되면 '숲'을 본 것이다. 그 이후에 숲을 구성한 '나무'를 한 그루씩 보듯이 글에서 세부 정보나 구체적인 이야기를 읽으며, 어떤 근거나 설명이 더해졌는지 세세히 살피면 된다. 이것이 '숲-나무'의 순서로 읽는 방법이다.

아이들 중에서는 처음부터 목적을 가지고 글을 읽기가 어려운 아이들이 있을 수 있다. 무슨 이야기인지 빨리 읽어 보고 싶거나, 또는 먼저 어떤 이야기인지 대략적으로 모르면 구체적이고 상세히 책을 읽지 못하는 경우도 있다. 이럴 때는 글의 대략적인 내용을 가벼운 마음으로 읽는다. 그 후에 저자의 의도를 파악하려는 목적을 가지고 글을 다시 읽고, 이후에 세부 내용을 꼼꼼히 찾아보면 된다. 그러면 '나무-숲-나무'의 글 읽기가 완성된다.

이렇게 따져본다면 글 한 편을 제대로 요약하기 위해서는 같은 글을 최소 두 번 이상은 읽어야 한다는 결론이 나온다. 글을 한 번만 읽고 척척 요약할 능력이 있다면 좋겠지만, 훈련받지 않은 아이에게 처음부터 그런 것을 요구하는 것은 절대 안 될 일이다.

핵심어(키워드) 찾기

문해력에 대해서 언급하고 있는 시중의 책들을 보면 글 속에서 중요한 핵심어(키워드)를 찾으라는 말이 많이 나온다. 요약하기 위해 한 편의 글을 읽으면서 가장 먼저 해야 할 일 역시 핵심어를 찾는 것이다. 문제는 핵심어가 뭔지 당최 아이들 입장에서는 파악하기 어렵다는 점이다. 이럴 때를 대비해서 아이들에게 핵심어를 찾는 몇 가지 원칙을 알려 주고 시범을 보일 필요가 있다.

먼저 전체 제시문 속에서 가장 많이 반복해서 등장하는 단어를 찾는다. 만약 동화라면 주제와 관련된 단어들이 빈번하게 등장할 것이다. 이때 제목을 놓치지 말고 꼭 보아야 한다. 이건 팁이다. 보통은 아이들이 제시문 속에서 많이 나오는 단어를 찾기에 급급해 글의 제목을 놓치기 일쑤인데, 제목에 들어있는 단어가 보통은 전체 제시문 속에 가장 많이 등장한다. 어찌 보면 제목은 해당 챕터를 한 줄로 요약한 것 아닌가.

또한 저자가 글을 쓴 목적이나 이유와 관련성이 큰 단어도 핵심어일 가능성이 높다. 저자가 말하고 싶은 것이 있으니 글을 썼을 테고, 그 이유나 목적을 잘 드러낼 수 있는 단어나 문구라면 중심 생각과 직결될 가능성이 크다.

다음으로는 서로 비슷하게 연관되는 단어들이 있는지 찾아보고, 그것들을 아우를 수 있는 상위어를 뽑는 것이다. 예를 들면 군산 앞바다에서 조선시대의 침몰선과 함께 여러 물건들이 발굴되고 있다는 한 뉴스 기사에서 '숫돌, 도자기, 백자, 분청사기, 접시, 사발' 등의 단어들이 등장한다. 이것을 아우를 수 있는 핵심 키워드는 '유물'이다. 그렇다면 사발이니 도자기니 하는 단어들을 기사의 요약문장에서 구구절절 쓸 필요가 없다는 의미이다.

핵심어를 뽑는 또 하나의 방법은 중요도나 가치에 대한 내용을 포함하고 있는 단어나 문구를 찾는 것이다. 만약 위에 소개된 군산 앞바다 관련 기사라면 글 속에서 '국제 무역항', '해양 교류의 거점', '소중한'과 같은 긍정적이든 부정적이든 그 가치나 중요성을 의미하는 말들을 찾으면 된다. 핵심어는 결국 중요한 단어를 의미하는데, 중요한 단어는 일반적으로 정보의 가치가 들어가기 마련이다. 따라서 가치가 내포된 단어나 문구를 찾는다면 글을 쓴 저자의 의도를 엿볼 수 있다.

마지막으로 글 속에서 사용된 이어주는 말, 즉 접속사를 유심히 살펴볼 필요가 있다. 보통 문장을 쓸 때 이어주는 말의 뒤에는 저자가 강조하는 말이 들어간다. '즉, 그러므로, 따라서, 왜냐하면, 그래서' 등의 뒤에 저자가 하고 싶은 말을 정리해 쓰는 경우가 많으므로, 이어주는 말 다음에 나오는 문장 중에서 핵심어가 있는지 살펴보면 된다.

이외에도 글 속에 적혀있는 핵심어는 아니지만, 요약을 잘 하기 위해 핵심 내용을 간단한 고사성어나 속담, 한자어 등으로 간략히 압축하는 방법도 있다. 예를 들면 부자인 놀부가 제비 다리를 부러

뜨리는 나쁜 짓을 해서 결국에는 재물을 몽땅 빼앗기는 상황을 '자업자득'이라는 한마디로 간단히 표현하는 방식이다. 이 경우 글 속에 자업자득이라는 단어가 나오지는 않지만, 구구절절 상황을 요약할 필요가 없이 하나의 단어로 핵심 상황을 나타내면 된다. 이렇게 자신이 요약하려는 내용을 살펴보고, 그 상황에 가장 적합한 속담이나 고사성어, 한자어를 찾아 한 단어나 문장으로 대체해 보자. 긴 글을 깔끔하게 요약할 수 있다.

중심 문장과 중심 생각 찾기

한 문단의 중심 문장과 중심 생각은 같을까? 답은 같기도 하고, 다르기도 하다. 선문답처럼 느껴지겠지만, 말 그대로 어떤 문단에서는 중심 문장이 그 문단의 중심 생각(문학에서는 주제)과 같기도 하고, 어떤 문단에서는 다르기도 하다. 내 경험상 글의 중심 문장 속에는 저자가 글을 통해 말하고자 하는 중심 생각의 많은 부분이 담겨 있다.

제시문을 읽으면 먼저 그 글의 중심 문장을 찾는다. 중심 문장은 문단별로 있기도 하고, 몇 개의 문단에 걸쳐서 한 개의 중심 문장이 자리하기도 한다. 이때 저자가 하고 싶은 말을 가장 많이 담고 있으면서도, 동시에 여러 문장의 내용을 아우를 수 있는 가장 포괄적인 것을 고르면 된다.

제시문의 중심 문장을 골랐다면 그 문장을 바탕으로 글의 중심 생각을 찾을 수 있다. 글의 중심 생각은 저자가 이 글을 통해 정말 하고 싶은 말이다. 이 글을 쓴 목적이고 독자들에게 글을 쓴 의도라고 할 수 있다. 따라서 중심 문장을 기본으로 하되, 그 속에 들어가 있지 않은 주요 정보를 다른 문장들 속에서 단어나 어구 단위로 찾아 포함시켜 저자의 중심 생각을 한 문장으로 만들면 된다. 이때 기호를 이용해서 표시하면 눈에 잘 구분되어 편리하다. 예를 들면 중심 문장은 밑줄, 다른 문장 속 주요 단어나 문구들은 동그라미 등으로 표시하는 식이다. 혹은 빨간색, 파란색 등 색깔로 구분해도 좋다.

◦놀이터를 점령한 유해 물질◦

여러분의 집 근처에 있는 공원이나 놀이터 중에서 바닥이 폭신한 곳이 있지요? 이런 곳은 아이들이 뛰다가 넘어져도 다칠 염려가 없어서 좋습니다. 말랑말랑한 바닥은 우레탄 고무를 사용해서 만듭니다. 우레탄 바닥은 충격을 흡수해주기 때문에 안전사고를 예방할 수 있는 반면 폐타이어나 합성고무를 이용해서 만들기 때문에 환경오염으로 인한 문제가 생길 수 있습니다. 특히 폐타이어 같은 경우 햇빛에 오래 노출되면 발암 물질이 나오기 때문에 아이들의 건강에 해로울 수 있습니다.

앞의 제시문을 참고하여 중심 문장과 중심 생각 찾기를 연습해 보자. 이 문단에서 중심 문장은 '우레탄 바닥은 충격을 흡수해주기 때문에 안전사고를 예방할 수 있는 반면 폐타이어나 합성고무를 이용해서 만들기 때문에 환경오염으로 인한 문제가 생길 수 있습니다.'다. 그 외 주요 정보는 '공원이나 놀이터, 우레탄 고무, 폐타이어, 발암물질, 아이들의 건강'이다. 여기서 만약 중심 문장이 무조건 중심 생각이라고 한다면 가장 핵심적인 내용이 빠지게 된다. 바로 다른 공간이 아닌 공원이나 놀이터 바닥이 문제이고, 그것이 심지어 아이들을 발암물질에 노출시킨다는 사실이다. 따라서 이 문단의 중심 생각을 정리하면 '공원이나 놀이터의 우레탄 바닥이 안전사고를 예방하지만, 환경오염이나 아이들에게 해로운 발암물질이 나오는 문제가 있다.' 정도의 문장이 될 것이다. 중심 문장과 중심 생각은 이렇게 비슷한 듯하면서도 다르다.

만약 제시문이 아니라 책을 대상으로 한다면 일단은 목차를 살펴보아야 한다. 작가가 이 책을 통해 무슨 이야기를 하고 싶은지 작가의 중심 생각이 담긴 챕터를 목차에서 골라내어 그 챕터 속 내용에서 중심 생각을 찾아보자. 나는 책이나 제시문에서 중심 생각을 찾는 아이들에게 꼭 이 질문을 하라고 말해준다.

"책아!(혹은 제시문아!) 너는 나한테 무슨 말이 하고 싶니?"

"그래서! 하고 싶은 말이 뭔데?"

사실과 인용 혹은 의견을 구분하기

우리가 어떤 사람의 말을 듣거나 읽을 때 가장 주의 깊게 살펴볼 부분이 있다면 그 말이나 글이 얼마나 논리적이고, 신빙성이 있는가 하는 점일 것이다. 한 편의 글을 요약할 때 단순히 전체 글의 분량을 줄이는 것을 요약했다고 말하지 않는다. 독자가 요약한 글을 읽었을 때 저자의 생각이 정확하게 이해되고, 설득당할 수 있을 정도여야 한다. 즉 한 편의 글로 자연스럽게 읽히면서도 그것이 저자의 의도를 명확하게 드러내는 논리적인 글이어야 한다는 의미이다. 그러려면 기본적으로 자신이 요약한 글이 저자가 말한 사실인지 아니면 전체 내용 중 특정인의 말을 인용한 것이나 의견일 뿐인지를 구분해서 써야 한다.

아이들에게 신문 기사를 요약하도록 제시하면 흔히 하는 실수가 있다. 기사의 주된 내용과 관련해 특정인을 인터뷰한 인용 문장을 그대로 베껴 넣거나, 또는 사실인 정보와 인터뷰 내용을 뒤섞어 일종의 비빔밥처럼 만들어 버리는 것이다. 우리가 요약문이 필요한 경우는 아마도 긴 정보를 요약해 정확하고 핵심적인 사실만 간단히 알고 싶을 때일 것이다. 이럴 때 기사 속 인터뷰 내용을 그대로 써 버리면 쓸데없이 요약문이 길어지게 된다. 또한 인터뷰 내용

중 일부를 마치 기자의 의견인 듯 섞어서 쓰게 된다. 그러면 기사 내용에 대한 논거가 사실인지 아니면 단지 기자의 의견일 뿐인지 구별하기가 어려워진다.

따라서 신문 기사나 설명하는 글, 주장하는 글 등에 다른 사람의 말을 인용한 부분이 있다면 글을 요약할 때는 인용 부분과 사실 부분은 정확히 구분해 주어야 한다. 인용 부분을 굳이 넣지 않아도 된다면 과감하게 삭제할 필요가 있다. 어떤 아이들의 경우 정작 써야 할 사실적인 부분보다는 인용 부분이 더 중요하다고 생각해 전문가가 말한 문장만 남기고 다 삭제해 버리는 슬픈 경우도 생긴다. 그런 불상사를 방지하기 위해 반드시 넣어야 하는 인용문이 아니라면 차라리 빼는 것도 나쁘지 않다.

만약 인용문이 요약 문장에 꼭 넣어야 하는 중요 내용을 포함하고 있다면 두 가지를 선택할 수 있다. 첫 번째는 전문가의 말 중에서 뺄 수 없는 중요 키워드만 한두 가지 뽑아 전체 요약문 속에 녹여 쓰는 방법이다. 두 번째는 출처와 따옴표("")를 표기하고, 전문가가 말한 내용 중에서 필요한 어구나 어절만을 요약문에 가져오는 방법이다. 둘 중 어떤 방법이든 전체 내용을 선명하게 요약하되, 논거가 확실하게 드러나는 방향으로 선택하면 된다.

또 한 가지 생각해야 할 것은 사실과 의견을 명확히 구분해 요약하는 문제이다. 글의 종류를 막론하고 사실과 의견은 요약할 때 너무나 뒤섞이기 쉽다. 어떤 경우에는 요약해 놓은 글만 읽어 보고 어디서부터가 사실을 쓴 부분이고, 어디까지가 의견 부분인지 아예 구분 자체를 못 하기도 한다. 글을 요약할 때는 자신의 추측이나 개인적인 의견을 사실처럼 써서는 안 된다. 두 가지가 섞이는 순간 어떤 종류의 글이든 주장글이 되어 버리고 말기 때문이다. 사실이 아닌 의견이 요약글 전체를 깔아 뭉개는 불상사가 발생한다.

이것은 요약된 글이 필요해서 읽는 독자들에게도 부정적인 영향을 준다. 사실과 의견을 명확히 구분해서 요약해야 전체 글의 내용이 왜곡되지 않고 글을 읽는 사람들에게 제대로 전달될 수 있을 것이다.

요약을 잘하기 위한
준비1, 어휘력

"짝!"

"헐, 유진이 팔에 피 좀 봐! 모기 잡았다."

"와, 완전히 유혈이 낭자하네."

"선생님, 뭐라고요? 유희열이 남자냐고요?"

얼핏 보면 개그 코너의 한 장면 같은 위의 상황은 몇 년 전 고등학교 2학년 아이들 수업 시간에 실제 있었던 일이다. '유혈이 낭자하다'라는 표현을 알아듣지 못한 한 아이가 "유희열이 남자"냐고 자신이 이해한 대로 말하는 바람에 우리에게 큰 재미를 준 사건이었다.

교육학적 관점으로 본다면 이해하지 못 할 건 아니다. 아이들의 문자 교육 이론에 따르면 학습자는 자신이 알지 못하는 단어가 나오는 경우 자신이 아는 그것의 소릿값과 가장 비슷한 다른 낱말로 대체해 그 뜻을 이해한다고 한다. 이 친구의 사례는 완벽하게 그것과 일치하니 내가 아는 교육 이론이 참 정확하다고 해야겠지만, 그런 감탄으로 넘어가기에는 뭔가 씁쓸한 마음이 든다. 교육 현장에 있다 보면 가끔 이렇게 아이들의 황당한 어휘력에 깜짝깜짝 놀라고는 한다. 빈약한 어휘력을 보여 주어 나를 놀라게 하는 아이가 있다면, 근거 없는 자신감으로 나를 놀라게 하는 아이도 있다.

나는 책을 읽으면 꼭 그 안에서 모르는 어휘를 찾아 오라는 숙제를 내는데, 어떤 아이들은 모르는 어휘가 하나도 없었다고 말하는 경우가 있다. 그래서 정말 그런가 싶어 책 속에서 어렵다고 생각되는 어휘의 뜻을 물으면 아이가 정확히 설명하지 못할 때가 있다. 자신이 안다고 생각하는 어휘들이 사실은 많이 들어서 익숙할 뿐이고, 실제 그 어휘를 아는 건 아니라는 사실의 방증이다. 내가 들어서 익숙할 뿐 그 뜻을 100% 정확하게 모르는 어휘는 내가 아는 어휘가 아니다. 아는 것과 안다고 생각하는 것은 다르다. 어휘의 뜻을 물어봐서 아이가 제대로 답하지 못한다면 그것은 모르는 어휘로 간주하고, 공부하게 하자.

일반적으로 모국어를 쓰는 사람이 성인이 되었을 때 사용할 수 있는 어휘는 1만 개에서 10만 개 사이로 개인마다 차이가 있다고 한다. 1만 개의 어휘를 사용하는 사람과 10만 개 이상을 사용하는 사람의 사고력과 표현력에도 상당한 차이를 드러내는 것은 당연하다. 중학교에 입학하면서 아이들이 학습 체감도를 어렵게 느끼는 것도 결국은 어휘라고 말할 수 있다. 중학교 학습의 70%가 한자어로 이뤄져 있어 단어만으로는 그 의미를 알지 못하기 때문이다.

허버트 조지 웰스의 『타임머신』이라는 책이 있다. 이 책에 보면 미래 사회에서 만난 사람들이 너무나 어린아이 같이 생각하고, 행동해서 주인공이 놀라는 장면이 나온다. 이들이 가진 어휘의 수가 너무나 적고 단순하기 때문이었다. 그 사람이 사용하는 어휘의 수준과 어휘량이 그 사람의 사고를 결정한다는 사실을 알 수 있는 대목이다.

우리 아이들의 문해력을 위해서도, 아이의 깊이 있는 사고력 신장을 위해서도 어휘력을 높여 주기 위한 노력을 계속해야 한다. 특히 여러 학습서에서는 저학년 문해력을 좌우하는 데 결정적인 능력이 어휘력이라고 본다. 이런 주장에 대해서 나도 동의하는 부분이 많다. 다만 부모님들이 "우리 아이의 어휘력이 부족해요."라는 말을 하려면 대체 어떤 어휘력이 부족하다는 것인지 그 정체를 좀 더 자세히 알아야 한다고 생각한다.

우리가 흔히 말하는 어휘력은 사실 그 의미가 굉장히 다양하다. 어휘력에도 여러 종류가 있는데, 그것은 어휘력이라는 말이 그만큼 포괄적인 능력을 한데 뭉쳐 말하기 때문일 것이다. 우선 일반적인 생활에서 필요한 생활어휘를 구사하는 능력이 있겠다. 개인적으로는 생활어휘가 부족한 아이들은 많이 본 적이 없다. 그만큼 생활하는데 많은 어휘가 필요하지 않고, 고차원적인 어휘를 쓰지도 않는다.

문제는 다른 어휘력이다. 학습에 필요한 어휘력의 종류에는 우리가 흔히 공부를 잘하기 위해서 꼭 알아야 하는 학습 도구어, 배경지식을 포함한 일종의 개념어, 일정 수준 이상의 글 속에 등장하는 한자어, 그밖에 관용적 표현이나 속담 등이 있다. 물론 더 깊이 들어간다면 어휘에도 뉘앙스라는 것이 있기 때문에 단순히 그 뜻을 '안다, 모른다'의 문제가 아니라 어떤 뉘앙스로 말하는가에 따라 분위기가 달라지는 부분도 있을 것이다. 내가 만난 6학년 한 아이의 경우 그 어휘의 정확한 뜻은 잘 모르지만, 내가 뜻을 물어보면 "좋은 의미예요." 혹은 "나쁜 의미예요." 정도의 어휘 분위기만 파악하는 아이도 있었다.

한 가지씩 살펴보자면 학습에 필요한 어휘력을 높이려면 우선 학습 도구어를 알아야 한다. 학습 도구어는 일종에 교과 내용을 이해하기 위한 필수 어휘력이라고 생각하면 쉽다. 사회과목에서 경제에 대한 내용을 이해하려면 '수요'나 '공급', '자본', '수입', '수출' 등의 어휘를 알아야 하는 것처럼 말이다. 대부분 교과목에는 그 과목을 이해하기 위한 학습 도구어가 있다. 이것을 익히는 방법은 여러 가지가 있겠지만, 개인적으로는 교과서 미리 읽기를 추천하고 싶다. 대략 한 학기에서 두 학기 정도 교과서를 미리 읽으며 모르는 학습 도구어를 찾아 외우도록 하자. 그렇게 한다면 학습 도구어를 몰라 학교 수업을 따라가지 못하는 불상사를 막을 수 있다. 물론 현재 내가 배우고 있는 교과서부터 읽는 게 기본 중의 기본이겠지만, 그 정도는 읽을 수 있다면 그보다 약간 선행해 학습 도구어를 미리 알고 있는 것이 공부에 훨씬 유리하다. 학습 도구어의 기준은 결국 교과서가 되어야 한다.

다음으로는 배경지식을 포함한 일종의 개념어를 익혀야 한다. 사실 이 개념어는 정확히 말하면 학습 도구어와 겹친다. 하지만 이 것을 따로 분리해서 소개하는 이유는 일반적인 학습 도구어보다 배경지식이 월등히 더 필요한 단어들이 있기 때문이다. 여기에는 역사적인 어휘들이나 시사적인 어휘들이 많이 해당된다. 예를 들면 『EBS 당신의 문해력』에 등장했던 '예송논쟁'같은 어휘들이다. '예송논쟁'을 어휘라고 말할 수 있을까? 나는 개인적으로 어휘가 아니라 배경지식에 더 가깝다고 생각한다. 하나의 어휘를 이해하기 위해 알아야 하는 사건들이 굴비 엮이듯 줄줄이 붙어 있기 때문이다.

얼마 전에 4학년 아이들과 정조 시대에 대한 수업을 하면서 '금난전권' 철폐에 대해 이야기했다. 당연히 아이들은 '금난전권'이라는 어휘를 몰랐고, 그 한 단어를 설명하기 위해 나는 시전이 뭔지 난전이 뭔지부터 시작해서 금난전권을 휘두른다는 것이 어떤 행동을 하는 것인지, 왜 당시 서인들이 금난전권을 포기하지 못했는지 등을 모두 설명해 주어야 했다. 이렇게 줄줄이 한 어휘에 붙은 배경지식들을 알아야 온전히 그 의미가 이해되는 어휘들이 생각보다 많다. 이런 어휘는 배경지식이 채워지지 않으면 사실 이해가 어렵다. 이 배경지식의 문제는 뒤에 나오는 '독서법'에서 다시 다루고자 한다.

어휘력의 종류 중 부모들이 많이 신경 쓰는 부분은 아마도 한자어일 것이다. 나도 한자어의 중요성 때문에 우리 아이들에게 어릴 때부터 한자 공부를 별도로 시키기도 했다. 한자어를 익히는 데 사실 왕도가 별로 없다. 그저 한자어의 원리, 즉 개별 한자가 가진 뜻을 아이가 이해할 수 있도록 익히고, 그것이 실제 한자어에 어떻게 적용되는지 그 원리와 활용을 다양하게 살펴보는 정도이다. 그런데 조금 아쉬운 점은 수업 현장에서 만난 아이들에게 물어보면 많은 아이들이 별도로 한자 공부를 하고 있다고 말한다. 그런데도 왜 한자어에 대한 이해가 여전히 부족하고, 어려워할까. 그것은 아이들이 한자와 한자어를 연결시키지 못하기 때문이다.

아이들은 한자를 일종의 학습지처럼 공부하기 때문에 한자는 한자대로 따로 공부하고, 글 속에서 이것이 어떤 한자 단어에 쓰이는지를 같이 보지 않는다. 예를 들면 '나라 국(國)'자를 외우지만, 그 '국(國)'자를 활용한 어휘들, 즉 국가, 국민, 국수주의를 문장이나 글 속에서 익히지 않는다. 그러니 한자인 '나라 국(國)'자 따로, 글 속에 나오는 '국수주의' 따로 인식하게 된다. 무엇이든 따로 생각하고, 연결 짓지 못하면 학습의 효율이 떨어질 수밖에 없다. 한자는 한자대로, 글은 글대로 별도의 서랍에 넣어놓고 각자 꺼내 보니 맞을 리가 없다. 한자를 익혔다면 그것을 실제 문장이나 긴 글에서 어떤 한자어로 쓰이는지 찾아보거나 글로 써 보며 어떻게 사용하는지를 함께 익혀야 한다. 그래야 기억에도 남고, 활용이 가능하다. 그 연결이 잘 안 되기 때문에 한자에 그렇게 많은 돈과 에너지를 쏟는데도 불구하고 결과는 별로 좋지 않은 것이다. 한자를 배웠다면 그 한자가 들어간 한자어를 문장이나 긴 글 수준에서 자꾸 읽고 쓰도록 아이들을 독려해 보자.

그밖에 관용적인 표현이나 속담 등의 활용도 한자어와 비슷한 문제이다. 배우는 것 따로 활용하는 것 따로인 경우 분명 공부를 했지만 잘 기억나지도 않고, 쓰지도 않게 된다. 다만 관용적 표현이나 속담의 경우는 단순히 그 의미를 아는 것에서 나아가 상황과 연결시켰을 때 더 빛을 발하는 특징이 있다. 일종의 양념같이 바로 그 순간에 적합한 관용적 표현이나 속담을 썼을 때 글이 더 생생해

지기 때문이다. 따라서 아이들이 관용적 표현이나 속담을 배웠다면 실제 그 상황에서 자꾸 사용을 해봐야 한다. 저학년이라면 맞는 상황이 되었을 때 부모님이 의도적으로 배운 표현을 써서 아이와 이야기하면 가장 좋겠다. 고학년이라면 스스로 글쓰기가 가능하니 독서감상문이나 일기, 생활문, 주장글 등 여러 갈래의 글을 쓸 때 관용적 표현이나 속담을 한 번씩 의도적으로 써 보도록 미션을 주거나 권하는 방법이 있다. 자신이 여러 번 썼던 표현들은 잘 잊혀지지 않기 마련이다.

위에 소개한 어휘력을 기르기 위한 여러 활동을 할 때 꼭 기억해야 할 팁이 있다. 바로 반복이 중요하다는 사실이다. 우리가 단어 하나를 익히기 위해서는 그 단어를 몇 번이나 만나야 온전히 내 것이 될까. 어떤 학자는 30번 이상이라고 주장하기도 하지만, 나는 몇 번인지 횟수가 중요하다기보다는 여러 번 반복적으로 그 단어를 만나는 게 정답이라고 생각한다. 따라서 어휘력을 키우고 싶다면 몰랐던 단어를 마치 영어 단어를 외우듯이 반복적으로 읽고, 쓰는 경험이 필수적이다.

내 아이의 어휘력은 결국 부모나 선생님의 관찰을 통해서 측정할 수 있다. 유심히 살펴보자. 이 아이가 어떤 어휘력이 부족한지 말이다. 정말 어휘력이 부족한 아이인지, 아니면 다른 것은 괜찮은데 학습 도구어만 부족한 상태인지, 배경지식이 포함된 개념어가 부족한지, 그것도 아니면 한자어 문제인지 말이다. 먼저 진단을 정확히 한다면 전체 어휘력이 아니라 아이에게 어떤 것을 채워 주어야 하는지 알 수 있다. 내가 만나는 아이들에게 항상 강조하는 말이 있다.

"영어 학원에서 너희들 매일 단어 시험 보느라고 힘들지? 근데 왜 학원에서 그렇게 독하게 하루에 몇십 개씩 단어 시험을 보게 하겠어? 영어단어를 모르면 영어 독해가 안 되기 때문이잖아. 국어도 마찬가지야. 국어도 국어 단어를 모르면 글이 이해가 안 되는 거야. 그러니까 영어 단어장만 만들지 말고, 국어 단어장도 꼭 만들어서 외워야 해."

요약을 잘하기 위한
준비2, 집중력

예전에 가르쳤던 아이들에 비하면 요즘 아이들은 집중력이 부족한 경우가 많다. 학습자의 발달 이론과 교육 이론에 의하면 나이에 따라 아이들의 집중시간이 다르다. 그것에 근거해서 학교의 수업 시간표도 고학년에 올라갈수록 길어진다. 하지만 가끔 초등 저학년인데도 1시간 이상 집중력을 유지하는 친구가 있는가 하면, 중학교 2~3학년인데도 20분 이상 집중을 하지 못하는 친구도 있다.

집중력은 글을 읽을 때만의 문제는 아니다. 수업하다 보면, 내가 조금 전에 한 이야기인데도 "선생님, 좀 전에 뭐라고 하셨죠?"라고 질문하는 아이들이 종종 있다. 친구들과 대화하는 모습에서도 의외로 상대방의 말을 집중해서 듣지 않고, 자신이 듣고 싶은 대로 듣거나 흘려듣는 모습을 보게 된다. 그 때문에 서로 오해가 생겨 싸움이 나기도 한다. 모두 집중력이 부족한 탓이다.

딴짓하지 않고 수업에 충실한 친구들은 집중력이 높을까? 의외로 그런 친구들도 자세히 살펴보면 아쉬운 경우가 많다. 중학교 2학년 희준이는 수업을 할 때 내가 어떤 활동을 해보자고 하면 잠깐 멍하게 있다가 움직인다. 마치 컴퓨터에 버퍼링이 걸리는 것처럼 교사의 말에 바로 반응하지 못한다. 초등학교 2학년인 지연이도 비슷한 경우인데, 눈동자가 다른 곳을 보고 있다가 1~2분 후에 다시 제정신을 차리고 그제야 다른 친구들이 활동하는 모습을 보면서 요구한 활동을 따라서 한다. 이런 아이들과 수업할 때는 수업 중간중간에 아이가 내 말을 듣고 있는지 확인을 하거나 어떤 새로운 활동을 할 때 그 아이의 이름을 따로 부르며 눈을 맞추고 다시 이야기해야 한다.

하지만 이런 특별한 몇몇의 경우가 아니라 일반적인 아이들의 집중력도 과거에 비해 썩 좋아 보이지는 않는다. 고학년 아이들과 독해 수업을 하다 보면 제시문을 읽고, 문제를 풀어보라고 할 때가 있다. 그때 오답이 나오는 경우는 크게 두 가지이다. 첫 번째는 제시문에 분명히 쓰여 있는데 글을 제대로 읽지 않아 찾기 문제를 틀리는 것이고, 두 번째는 질문이나 보기를 제대로 읽지 않아 생기는 것이다. 즉, '해당하지 않는 것', 부정을 골라야 하는데 문제를 거꾸로 읽어서 '해당하는 것'이라고 긍정을 고르거나, 보기를 대충 읽거나, 자신이 정답이라고 생각한 1, 2번 보기만 읽고, 뒤 3~5번에 있는 보기는 건너뛰어 버리는 경우이다. 수능시험도 대단히 어려운 문제를 풀어야 할 것 같지만, 사실은 긴 제시문을 제한된 시간에 정확히 읽고, 문제와 보기를 꼼꼼히 읽으면 풀 수 있는 찾기 수준의 문제들이 상당히 많다. 결국 관건은 평소에 얼마나 집중해서 글을 볼 수 있는가가 당락을 좌우하게 된다.

아이가 어휘력과 충분한 배경지식을 가지고 있는데도 문해력이나 학습력이 떨어진다면 아이의 집중력을 의심해 보아야 한다. 글을 볼 때 정보를 흘려서 보고 있지는 않은지, 제시문의 첫 줄을 이제 읽기 시작했는데, 벌써 눈이 글의 중간이나 마지막 부분으로 향하고 있지는 않은지 말이다. 그런 경우 아이가 글을 보는 시선을 살펴본다거나 제시문이나 책을 읽는 속도를 확인하면 알 수 있다. 또 질문을 활용하면 아이가 정보를 얼마나 정확히 읽고 있는지도 파악할 수 있다.

그럼 집중력이 이미 부족한 아이들은 어떻게 해야 할까? 집중하지 않는 것도 일종의 습관일 수 있다. 따라서 집중력을 높이는 연습이 필요하다. 집중력을 높이는데 왕도는 없다. 만약 그런 게 있었다면 벌써 전국에 있는 모든 아이들의 집중력 걱정은 할 필요도 없었을 것이다. 다만 우리 아이에게 맞는 몇 가지 방법을 찾아

시도하다 보면 시나브로 습관이 고쳐질 뿐이다. 나는 개인적으로 집중력은 개인의 의지가 개입될 여지가 많다고 본다. 특히 초등학교 4학년 이상부터는 부모가 집중력을 높이라고 강요해도 본인의 의지가 없다면 별로 개선되지 않는다. 아이가 자신의 상태를 정확히 알고 받아들여서 고치려고 해야 한다. 스스로 집중해서 말하고, 읽으려고 노력하지 않으면 빨리 바뀌지 않는다. 그러려면 먼저 부모가 아이와 솔직하고 따뜻하게 대화를 할 필요가 있다.

아이가 자신의 상태를 정확히 알았다면, 부모님과 혹은 혼자서 집중력을 키울 수 있는 활동에 도전해 보도록 동기부여를 시키자. 가장 쉽게 할 수 있는 것은 오늘 사람들과 한 대화를 복기해서 부모님과 이야기하는 것이다. 이때는 짧은 대화 내용이라도 시시콜콜 떠올려 말하거나 대화했던 내용을 적어 보게 하자. 또한 짧은 글이나 동영상을 보고 그 내용을 복기해서 말하거나 글로 써 보는 것도 좋은 방법이다. 그 외에도 글을 꼼꼼하고 정확히 읽는 습관을 들이기 위해 소리 내어 낭독하는 연습을 하거나, 짧은 글을 일정한 시간 동안 천천히 읽는 활동도 도움이 된다.

중요한 것은 아이가 자신의 의지로 다른 사람의 말을 경청하고, 글을 꼼꼼히 읽으려고 애쓰는 노력이다. 이것이 몸에 배어 습관이 되었을 때 집중력은 저절로 올라간다.

요약을 잘하기 위한
준비3, 독서법

요즘처럼 인터넷 자료와 유튜브 동영상이 넘쳐나는 시대에도 여전히 책은 너무나 중요하다. 우선 읽고, 생각하고, 말하고, 쓰는 재료가 된다. 기본적으로 우리 뇌에는 무언가 들어가는 게 있어야 나올 것도 생긴다. 어떤 생각이라는 게 형성되려고 해도 생각할 거리가 있어야 하지 않겠는가. 특별한 경험도 한두 번이지 직접 경험은 한계가 있다. 종류가 다양하지도 않고 말이다. 그런 특별한 경우를 기대하느니 다양한 종류의 책을 읽고, 간접경험을 재료로 사고하고, 표현하는 게 손쉽고, 효율적이다.

학습적으로 본다면 독서는 어휘력 발달의 무기가 되어 준다. 앞장에서 배경지식이 필요한 개념어에 대해 이야기했는데, 어쩔 수 없이 모든 과목에서 배경지식이 많은 아이가 같은 개념어를 공부할 때도 쉽고, 빠를 수밖에 없다. 굳이 어휘력이 아니라도 문해력이란 곧 외부에서 들어오는 어떤 정보를 이해하고, 자신의 사고와 융합해 결과물을 내놓는 작업인데, 내가 기존에 가지고 있는 배경지식이 풍부하다면 이해의 폭과 범위도, 융합할 수 있는 재료와 결과물도 수준이 높을 수밖에 없다. 이러한 배경지식을 쌓기 위해서는 다양한 분야의 독서가 필수적이다. 책처럼 많은 정보를 한 번에 담고 있는 매체는 없기 때문이다.

그렇다면 문해력을 기르고, 중요한 정보를 뽑아 요약을 잘하기 위해서는 어떻게 독서를 해야 할까? 앞장에서도 언급한 바가 있지만, 정독이 필수적이다. 어떤 책이든 한 번 손에 잡았다면 끝까지 정독하라고 말하지는 않겠다. 독서의 목적에 따라서 어떤 책은 특정 부분만 발췌독을 할 필요도 있다. 다만, 어떤 목적이든 책을 읽게 된다면 자신이 읽는 부분에 대해서는 정확하고 꼼꼼히 읽을 필요가 있다.

몇 년 전 일이다. 친한 친구가 나를 집에 초대하면서 초등학교 6학년인 자기 아이의 독서 상태를 한 번 점검해달라고 부탁했다. 원래부터 예뻐하던 아이라 기쁘게 수락을 하고, 아이에게 어떤 책을 좋아하는지, 책을 어떻게 읽고 있는지 네가 읽는 방법을 알려달라고 했다.

"이모, 저는 일단 어떤 책이든 먼저 맨 앞에 목차를 읽어요. 그리고, 앞부분이나 뒤에 있는 작가의 말이 있으면 그것도 읽어요. 그다음에는 책의 처음 부분 2~3장을 읽고, 책의 맨 끝부분을 조금 읽고, 가운데 부분 2~3장 정도를 읽으면 그 책은 무슨 내용인지 다 알겠더라고요."

"진짜? 정보책은 그렇다고 하고, 이야기 책은 어떻게 읽어?"

"동화책도 똑같이 읽는데요? 그렇게 읽으면 줄거리를 대충 다 알아요. 지금까지 그렇게 읽었는데요?"

진짜 '헐'이었다. 이 아이가 원래도 머리가 좋은 것은 알고 있었지만, 초등학교 6년 내내 이렇게 독서를 하며 버텨왔다는 게 믿어지지 않았다. 아이가 책을 보는 순서 즉, 목차를 보고, 작가의 말을 읽고, 그 후에 책의 내용을 본다는 점에서는 독서전략을 훌륭하게 실천하고 있다. 문제는 전체 내용을 읽지 않고, 부분 발췌독을 하고도 그걸로 학교 독서록을 쓰고 수행평가도 했다는 대목이다. 물론 이런 독특한 독서를 하는 아이가 많지는 않을 것이다. 하지만, 정도의 차이가 있을 뿐이지 의외로 책을 읽었다고 하는데, 수업하면서 내용 확인 활동이나 줄거리 요약을 하다 보면 내용 파악이 되지 않는 친구들이 많다.

미국의 교육심리학자인 벤저민 블룸의 '인지 학습 6단계'에 의하면 인지적 학습은 위계가 있으며 그 사고는 '지식-이해-적용-분석-종합-평가' 순이다. 내가 처음으로 이 교육 이론을 배웠을 때만 하더라도 많은 학습들이 1~2단계인 지식과 이해를 강조하는 분위기였다. 그래서 이 이론의 위계인 하위단계에 머무르지 말고, 아이들을 상위의 사고 단계인 분석하고, 종합, 평가하는 아이로 키우자는 논의가 활발했다. 그래서 평가를 강조하는 비판적 사고력이니, 종합을 강조하는 융합적, 창의적 사고력이니 하는 키워드가 유행처럼 교육시장을 휩쓸었다. 지금도 이 광풍은 진행 중이다.

● 블룸의 인지 학습의 6단계 모형

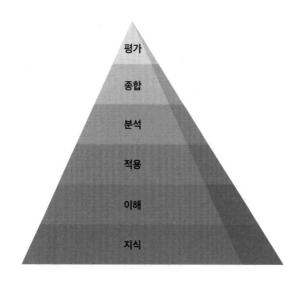

물론 나도 아이들과 독서 수업을 하면서 주제를 자신과 사회에 적용해 보고, 책을 통해 토의와 토론, 독후활동을 하면서 비판적, 융합적, 창의적 사고력을 키워 주려고 애쓰고 있다. 하지만 주제 심화나 창의적 문제 해결 등에 초점이 맞춰지다 보니 아이들과 책을 읽을 때 가끔 가장 기본적인 사항을 잊어버리게 되는 것 같다.

인지의 첫 단계는 지식, 즉 책의 내용을 읽고 그 내용을 정확히 아는 것이다. 또한 두 번째 단계가 이해, 책에 나오는 단서들을 가지고 합리적이고 근거 있는 추론을 하여 왜 그 사건이 일어나야 했는지, 등장인물의 말과 행동은 왜 그렇게밖에 나올 수 없었는지 등을 이해해야 한다. 피라미드의 가장 아랫면이 면적으로 본다면 가장 넓은 이유는 인지에서 차지하는 영역이 지식과 이해 단계가 가장 중요하고 선행하며, 탄탄해야 한다는 사실을 의미한다.

우리는 독서를 할 때 먼저 기본에 충실해야 한다. 위 단계의 고급 사고력을 키우는 활동도 중요하지만, 기반이 되는 책의 내용을 정확히 알고, 이해하지 못한다면 결국은 사상누각이 되어 버린다. 아이들에게 책을 충실히 읽히자. 그다음에 다양한 논제를 가지고 토의도 하고, 토론도 하며 아이들의 사고력을 키우는 노력을 하면 된다. 가끔 아이들뿐만 아니라 어른들과 하는 독서토론 강의에서도 비슷한 문제가 생긴다. 책을 읽고 인물에 대한 어떤 평가나 해석, 느낀 점을 이야기할 때 잘 들어보면 대체 어떤 근거로 저런 이야기를 할까? 싶을 때가 있다. 책 속에 근거를 두고 평가도 하고, 판단도 해야 한다. 책에 근거하지 않은 판단은 그저 자기가 생각하고 싶은 대로 생각하는 것 그 이상이 되지 못하기 때문에 다른 사람을 설득하기 어렵다.

문해력을 키우기 위해서 또는 요약을 잘하기 위해서 어떻게 책을 읽으면 좋을까? 결론은 먼저 기본에 충실하게 읽어야 한다. 오해하지 말자. 창의적 사고력이나 융합적 사고력, 비판적 사고력을 기르기 위한 여러 활동들이 중요하지 않다는 의미가 아니다. 다만, 독서를 할 때 기본에 충실해야 함을 잊지 말자는 이야기이다. 책의 내용을 정확히 이해하고, 친구나 부모님과 자신이 이해한 내용이 맞는지 서로 확인도 해가면서 사고의 근거가 되는 책의 내용으로 탄탄히 무장해 보자. 그 후에 하는 요약하기 활동은 그야말로 껌이다.

어머니,
문학 주제 파악은
요약으로
해결됩니다

글의 구조를
파악하라

사람들은 한 권의 책을 읽고 중요하다고 생각한 내용을 중심으로 기억한다. 이런 상황은 학생들도 마찬가지다. 문제는 자신이 기억한 일부분의 내용이 전부라고 생각하는 아이들도 많다는 것이다. 자신이 이해하고 기억한 내용만으로 작가가 전하고자 하는 의미를 파악하기는 불가능하다.

1장에서도 언급했듯이, 요약하기는 교육과정에서 여러 학년에 걸쳐 다루고 있다. 초등학교와 중학교 국어과의 요약하기 지도에 관한 논문들을 살펴보면, 공통적으로 한 번의 수업만으로는 절대로 요약하기를 학습할 수 없다고 지적한다. 반복적인 학습과 연습을 통해서만 가능하다. 그래서 독서를 통해 교육과정에서 익힌 요약하기 학습을 심화하고 자연스럽게 체화해야 한다.

요약을 체화하기 위해선 어떻게 해야 할까. 글을 처음부터 끝까지 쭉 읽었다고 읽은 내용이 저절로 정리되지 않는다. 눈으로는 보이지 않지만, 그 과정은 생각보다 복잡하다. 글을 읽으려면 우선, 글의 구조를 알아야 한다. 그래야 읽으면서 요약정리가 가능하다. 글의 구조 파악은 내용 이해와 직결된다.

글의 구조는 글마다 다르다. 이야기의 흐름을 따라 읽을 수도 있고, 중심인물을 찾아 그 인물들이 한 일을 중심으로 내용을 이해할 수도 있으며, 주요 사건을 파악한 후 이를 연결하여 이해할 수도 있다. 그리고 원인과 결과로 된 구성은 사건이 일어나게 된 원인이나 사건 때문에 벌어진 결과가 무엇인지 파악하며 읽어야 하는 경우도 있다.

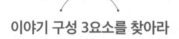

이야기 구성 3요소를 찾아라

얼마 전에 초등학교 6학년 진우와 수업을 시작하였다. 어머니와 먼저 상담해 보니 강남에 있는 논술 학원을 2년 이상 다녔고, 그 이전에도 독서 관련 수업을 받았다고 했다. 수업을 옮기는 이유를 물으니, 아이가 책을 제대로 읽는지 의심이 들기 때문이라고 했다.

진우와 첫 수업 시간에 짧은 단편을 읽힌 후 줄거리 그리고 생각과 느낌을 쓰게 했다. 우수하지는 않았지만, 특별히 부족하지도 않았다. 그런데 그다음 수업에서 숙제로 내준 독서록이 완성되어 있지 않았다. 읽은 부분에 대해서 물으니 내용을 정리해서 말하지 못했다. 이유를 물으니 수업 당일에 급하게 읽느라, 학교에 가서 틈틈이 읽은 게 다인 듯했다. 그러니 내용 파악이 제대로 될 리 없었다. 진우에게 다시 한번 읽으라고 하고 그다음 주에 수업을 진행했지만, 결과는 별반 다르지 않았다.

진우는 초등 6학년이고 그동안 독서와 논술 수업을 상당한 기간 받았다 하여도, 읽기부터 다시 해야 했다. 우선 글의 구조에 대한 이야기부터 시작했다. 정보를 얻기 위한 글이나 설득하는 글 등 비문학은 대부분 처음-가운데-끝의 형식이거나 서론-본론-결론의 3단의 구성 형태의 구조가 많다. 그렇지만 이야기 글인 동화나 소설은 그보다는 복잡하게 얽혀 있어 이야기의 구조나 형식이 겉으로 드러나 보이지 않는다. 그래서 동화나 소설의 구조를 이해하지 않고 읽으면 독서 초보들은 내용 정리를 하기 어렵다.

"줄거리 쓰기가 어땠어?"
"음… 힘들어요. 어떻게, 뭐를 써야 할지 모르겠어요."
어려워하는 진우에게 소설 구성의 3요소인 인물, 사건, 배경에 대해 설명했다.

"이야기에는 늘 주인공이 있어. 주인공이 사람인 경우가 대부분이지만, 때로는 동물이나 물건이 주인공인 이야기도 있지. 우리는 사람이든 동물이든 사물이든 이야기에 등장한 존재를 인물이라고 말해. 그리고 이 인물이 겪는 일을 사건이라고 하지. 이 사건은 시간적, 공간적 배경에 따라 상당히 달라질 수 있어."

가만히 이야기를 듣기만 하는 진우에게 예를 들어줬다.

"너무 어려운가? 그럼 쉽게 설명해 볼게. '흥부와 놀부' 이야기 알지? 여기서 등장인물은 누구니?"

"흥부, 놀부, 놀부 아내, 흥부 아내, 그리고…."

"잘했어. 그런데 말하다 왜 망설였을까?"

"제비도 넣어야 할지 몰라서요."

"아까 등장인물이 꼭 사람만은 아니라고 했으니까, 당연히 넣어야지. 제비가 빠지면 반쪽짜리 '흥부전'이 되겠는데?"

이처럼 이야기를 정리하기 위해서는 먼저 등장인물들을 찾아야 한다. 그러면 등장인물들을 따라 이어지는 인물들의 말과 행동들이 줄줄이 이어서 정리된다. 이야기 글은 낱말이나 문장들 만을 이어서 보거나 읽는다고 글의 내용이 이해되거나 정리되지 않는다. 마치 탐정이 된 듯이, 주인공이나 등장인물들의 말, 행동, 생각 등을 쫓아가면서 머릿속에 그림을 그리듯이 읽어 나가야 한다.

"자, 등장인물들을 찾았으니, 이번에는 사건들을 찾아볼까? '흥부와 놀부'에서 가장 기억할 만한 사건들은 무엇이 있었을까?"

"흥부가 놀부의 아내에게 밥주걱으로 뺨을 맞은 거요."

"그 장면도 사건으로 볼 수 있지. 아이들이 가장 좋아하는 장면이거든. 또 어떤 사건이 있었을까? 뺨 맞은 일만 사건으로 보면, 우리가 알고 있는 그 이야기가 펼쳐질까?"

"아! 흥부가 제비 다리를 고쳐 준 일도 있네요."

"맞아. 흥부가 제비 다리를 고쳐 준 일이 매우 중요하지. 그 일을 원인과 결과로 정리해 보면, 좀 더 자세히 중심 사건을 이해할 수 있어. 원인과 결과를 말해 볼래."

"원인은 제비가 다리를 다쳤다는 거고, 결과는 흥부가 다리를 고쳐 주었다."

"결과를 하나 더 연결해 볼까?"

"제비가 박씨를 가져왔고, 박을 갈랐더니 보물이 나왔죠!"

진우는 뭔가 깨달은 것이 있는 듯 신이 났다.

"인물과 사건만 말해도 내용이 정리되네요. 신기해요."

"이제 한 가지가 남았지. 배경. '흥부와 놀부'처럼 '옛날 옛날에~'로 시작하는 이야기는 시간적인 배경을 정확하게 알 수 없어.

그래서 시간적 배경은 그냥 옛날이야. 그리고 배경에는 한 가지가 더 있는데 장소적 배경이야. '흥부와 놀부'는 장소도 크게 중요하지는 않아. 하지만 어디서 있었던 일인지를 알아야 할 때도 있어. 예를 들어, 우리나라에서 있었던 일인지, 다른 나라에서 있었던 일인지. 때로는 '토끼전'처럼 바다에 있는 용궁이 배경일 수도 있고. 이번처럼 꼭 찾아내지 않아도 이야기의 내용이 정리되기도 하지만, 이야기에 따라 배경을 꼭 찾아내야 내용이 이해되는 이야기나 동화, 소설도 많아."

● 이야기 구성 3요소를 중심으로 쓰는 독서록

제목			작가	
내용	인물			
	사건			
	배경			
느낀점				

나는 진우에게 당분간 동화는 이처럼 인물, 사건, 배경을 독서록에 기록하도록 했다. 그렇게 3개월이 지나니, 진우는 짧은 이야기와 중편의 동화는 비교적 정리를 잘하게 되었다. 이제 장편 동화를 요약해 볼 차례. 장편은 다른 방법이 필요하다.

이야기 구성 5단계로 쪼개라

내가 요약을 시작할 때 아이들에게 늘 하는 말이 있다.

"애들아, 책을 읽고 나서 책의 내용을 말할 수 없다면 읽었다고 할 수 있을까? 드라마나 영화를 보고 나서, 주변 사람들과 대화를 나눌 때 너희가 본 부분을 간추려 이야기하잖아. 그것처럼 책을 읽었으면 그 내용을 말할 수 있어야 해."

책을 읽은 후에는 요약하는 것이 당연한 일임을 인식시키는 작업이다. 그리고 짧은 글(분량은 짧지만 완성된 한 편의 글, 기사, 사설 등)을 읽고 줄거리를 쓰게 한다. 이때 옆에서 지켜보며 그 친구의 읽는 태도를 확인하며 읽은 시간을 기록한다.

읽는 시간을 재고 기록하는 이유는 학생들의 '읽기 유창성'을 확인하기 위해서다. '읽기 유창성'은 글을 읽을 때 '적당한 리듬을 타면서 의미 단위에 따라 내용을 이해하고 기억하면서 빠르게 읽는 능력'이다. 대체로 책을 잘 읽는 아이들은 학년을 거듭할수록 읽기 속도가 붙는다. 그래서 정기적으로 짧은 글을 읽히고 학생들의 읽기 시간을 기록하면서 시간이 단축됐는지 확인하는 것이다. 특히 고학년이거나 중학생 친구들에게는 속독은 아니더라도, 누군가 뒤에서 쫓아온다고 생각하며 조금 빨리 읽어야 한다고 조언한다. 그래야 읽으면서 다른 생각이 끼어들 여지가 없어 글의 흐름을 놓치지 않고 읽을 수 있다.

글을 다 읽었다면 줄거리를 10줄로 요약할 차례다. 처음에 10줄이라고 하면 그렇게 조금만 써도 되냐며 신이 나서 시작한다. 열에 여덟은 책을 옆에 펴 놓고 넘기며, 7~8줄까지 책의 앞부분을 베끼듯이 쓴다. 그러다 남은 2~3줄을 확인하고, 슬쩍 10줄 넘겨도 되는지 묻는다. 요약이 무엇인지 전혀 모르는 상태다.

한번은 초등학교 3학년 수업 첫 시간에 줄거리를 쓰게 했더니, 한 면이 24줄인 면 전체를 쓰고도 줄거리를 끝내지 못했던 아이도 있었다. 1시간 내내 줄거리가 아닌 부분 베껴 쓰기를 하다 보면, 대부분의 학생들은 깨닫게 된다. 자신이 쓴 건 요약이라고 말할 수 없다는 것과 요약하는 방법을 배워야 한다는 것을.

10줄이라는 조건을 주고 요약해서 쓰기를 시키는 이유가 바로 학생 스스로 요약을 좀 더 쉽게 하는 방법들을 배우고자 하는 욕구가 생기도록 하기 위해서이다. 이때 내가 가장 많이 제안하는 요약

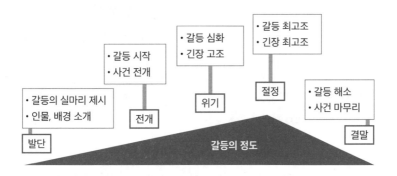

발단	전개	위기	절정	결말
시작 부분으로 사건이 일어난다.	사건이 펼쳐지며 점점 무르익는다.	사건의 흥미가 최고 높이에 오른다.		사건이 해결되거나 주인공의 운명이 결정된다.
이야기가 시작되는 부분으로 인물과 배경이 소개되고 사건의 실마리가 나타난다. 읽는 이의 흥미를 끌 수 있는 주요한 사건과 배경이 드러나는 단계다.	사건이 본격적으로 진행되는 단계로 사건과 인물의 성격이 보다 자세하게 펼쳐지면서 변화해 간다. 이야기가 여러 갈래로 얽히면서 갈등이 생기기 시작한다.	사건이 더욱 복잡해지는 단계로 갈등과 대립이 깊어지고, 위기감을 주기도 한다.	위기로 인한 갈등이 최고조에 달하는 단계다. 갈등과 긴장이 가장 높아지고, 등장인물의 성격과 행동이 가장 강하게 드러나는 부분이기도 하다.	주인공의 운명이 분명해지고 사건이 해결되는 단계로 주인공의 행복과 불행이 결정되며 주제가 확실해지는 부분이다.

법은 발단, 전개, 위기, 절정, 결말로 나누는 '이야기 구성 5단계'다.

초등 고학년 이상이면 국어 수업 시간을 통해 여러 번 들었을 것이다. 그렇지만 수업 시간에 학생에게 이야기 구성 5단계에 대해 물었을 때, 어렴풋이 들은 기억이 있다고 말해주는 정도면 고마워해야 하는 현실이다. 학생 스스로 소설에 적용해 구성을 나눠 본 경험이 없기 때문이다.

글에서 구성은 작품의 짜임새로, 주제를 효과적으로 표현하기 위하여 사건을 인과 관계에 따라 질서 있게 배치하는 방법이다. 이야기나 소설의 대표적인 구성 단계는 '발단-전개-위기-절정-결말'의 5단계 구성이다. 초등학교 고학년일 경우에는 3단(발단-전개-결말) 구성, 4단(발단-전개-절정-결말) 구성도 이야기에 따라 적용 지도할 수 있다. 초등학교 3학년 이하라면, 3단 구성이라는 말 자체가 어려울 수 있으니, 그럴 땐 '처음-가운데-끝'이라고 이해할 수 있는 낱말로 알려 준다. 어찌 되었든 하나로 되어 있는 이야기를 전개에 따라 쪼개어 볼 수 있다는 것을 이해하면 된다.

5단계 구성으로 10줄 요약을 할 때는 단계별로 2줄씩 같은 분량을 써서는 안 된다. 발단과 전개를 3줄 정도 쓴다면 위기와 절정은 6줄쯤 써야 하고, 1줄 정도를 결말로 정리해야 한다.

이야기나 소설에서 핵심 부분은 절정이다. 그 앞의 발단과 전개는 절정에 도달하기 위한 준비 단계이므로, 위기와 절정을 중심으로 정리를 해야 한다. 절대적인 공식이나 규칙은 아니지만, 어느 정도 익혀서 스스로 이런 구분 없이 쓰게 될 때까지는 가이드가 필요하다.

바로 5단계로 정리하는 것은 당연히 쉽지 않다. 그래서 5단계 구성으로 정리해서 쓰기 전에, 한 단계를 더 거친다. 이야기나 소설이 장편일 경우에는 여러 개의 장(챕터)으로 나뉘어 있다. 특히 초등 저학년에서 중학년, 중학년에서 고학년으로 올라가면서 책의 분량이 많아질 때는 책을 장으로 구분해서 읽는 중간 단계를 꼭 거쳐야 한다. 초등학교 고학년이라도 200여 쪽이 되는 책을 장 구분 없이 읽는다면, 상당한 독서력이 갖추어져 있는 학생이라도 읽고 내용을 정리하기가 쉽지 않다.

장편 책의 차례를 보고 장이 나누어져 있음을 인지시킨다. 그리고 장별로 제목이 구성된 경우, 제목을 확실히 읽은 후 해당하는 장을 읽도록 한다. 다 읽은 후에는 다시 차례로 돌아와 5단계 각각에 따라 장을 묶어 나눈다. 그렇게 나눈 기준에 따라 내용을 요약하도록 지도한다.

다음은 아이들과 실제 수업에서 이야기 구성 5단계에 따른 요약하기를 하는 모습이다. 먼저 각자 10줄로 줄거리를 요약하도록 한다. 그리고 자신이 요약한 내용과 『톰 소여의 모험』의 목차 페이지를 같이 펼친다.

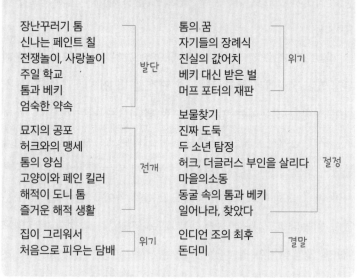

"발단 맡은 친구는 몇 장까지를 발단으로 생각했니?"

"저는 6번째에 있는 '엄숙한 약속'까지요."

"전개는 '즐거운 해적 생활'까지요."

"위기는… '머프 포터의 재판'까지 하면 될까요?"

"절정은 쉽지! '인디언 조의 최후'까지로 할래요."

"그럼, 결말은 '돈더미'만이네. 그래도 괜찮을까?"

"결말은 '돈더미' 앞에 '인디언 조의 최후'까지 2장을 하면 되지 않을까요?"

"좋아, 먼저 발단을 맡은 친구가 발단 부분을 정리한 것 읽어 주자. 친구들이 받아쓸 수 있도록 천천히."

이처럼 수업에 참여한 인원에 맞춰 담당할 단계를 정한다. 아이가 1명뿐이면 나와 번갈아 진행한다. 각자 맡은 단계를 목차에 표시하고, 해당 내용을 자신이 요약한 내용에서 찾아 한 문장으로 다시 요약한다. 함께하는 요약이 모두 끝나면 돌아가면서 자신이 정리한 내용을 읽고 이야기 구성 5단계 정리표에 적는다.

● 이야기 구성 5단계 정리

구성 단계	요약
발단	톰은 자신을 돌봐주는 이모의 말을 거의 듣지 않는 개구쟁이다. 톰은 모험을 좋아했고 늘 말썽을 부려 늘 이모에게 혼이 났다.
전개	톰과 허크는 밤에 공동 묘지에 갔다가 인디언 조가 로빈슨을 죽이고 머프 포터한테 칼을 쥐어주는 것을 보았다.
위기	톰은 해적이 되기로 결심하고, 섬으로 가서 지냈지만, 가족들이 보고 싶어졌다. 몰래 집으로 돌아왔으나 마을 사람들은 톰이 죽었다고 알고 있었다. 머프 포터의 재판이 열린다는 것을 알고 톰은 증인이 되기로 한다.
절정	재판이 끝나 머프는 석방되었다. 톰은 허크와 보물 찾기를 하다가 인디언 조를 보았고, 더글러스 부인이 위험하다는 것을 알고 구해준다.
결말	인디언 조는 어느 동굴에서 시체로 발견된다. 보물을 발견한 톰과 허크는 부자가 되었고 산적단을 결성하여 즐겁게 산다.

중학생이나 고등학생이라면 소설을 읽고 난 후에는 반드시 소설(이야기) 구성 5단계에 따라 책의 내용을 정리시켜야 한다. 나의 경우 아래처럼 카드에 정리하도록 시킨다.

● 이야기 구성 5단계에 따라 핵심 정리(중고생 버전)

	제목	B사감과 러브레터		
	작가	현진건	연도	1925
분석	시점	3인칭 관찰자 시점	갈래	사실주의 소설
	배경	시간적 - 1925년 / 공간적 - C 여학교 기숙사		
	주제	여학생들의 러브레터를 보고 질투하는 B 사감		
구성	발단	B 사감은 C 여학교의 기숙사 사감이다. 남학생들이 여학생들에게 러브레터를 전하고 싶어 학교로 보내는데 B 사감은 편지를 받은 여자애들을 불러 혼을 내며 남자를 철저히 막는다.		
	전개	밤이 깊어 모두가 자고 있는 밤 기숙사생들은 곤한 잠에 떨어졌을 때 세 여학생 귀에 들리는 속살속살 소리가 새어나오고 있었다.		
	위기	세 여학생들은 몇일 간 밤중에 들리는 속살속살거리며 웃는 소리가 어떤 것인지 찾으러 나선다. 잘 들어보니 두 남녀가 서로 꺄르르 대는 소리였다. 소리가 나는 곳으로 가니 그곳은 사감의 방이었다.		
	절정	그 방에서는 침대 위에 러브레터가 잔뜩 쌓여 있고 바닥에는 봉투가 너저분하게 떨어져 있었다. 그 곳에 B 사감이 손짓과 온갖 표정을 지으며 러브레터 내용을 연기하고 있었다.		
	결말	세 여학생은 B 사감의 모습을 보고 한 명은 당황해서 말을 못하고 다른 한 명은 미쳤냐는 듯이 말하고 마지막 한 명은 사감이 불쌍하다며 막 운다.		

기승전결을 따라라

초등학교 4학년인 가인이는 독서와 관련된 수업을 받은 지 1년이 넘었다. 그런데도 책을 읽고 나서 책 내용을 물으면 얼버무리며, 정리하여 전달하지 못한다.

"가인아, 책을 읽고 나서, 읽은 내용이 잘 떠오르지 않았니?"

"네, 읽긴 진짜 읽었는데….'

"그럼, 나도 네가 읽었다는 건 의심하지 않아. 그런데 선생님이 늘 읽었으면 내용을 정리해서 말하거나 쓸 수 있어야 한다고 했지?"

"근데 이렇게 긴 책을 어떻게 정리해서 말해요."

"혹시 초등학교 3학년 때, 국어 시간에 요약하기에 대해서 배운 거 기억나니?"

"배웠던 것도 같고, 아닌 것도 같고."

"괜찮아. 배우고도 연습하지 않아서 잊어버렸을 거야. 다시 배우면 되지. 요약하기를 이용하면 이보다 두꺼운 책도 읽으면서 정리할 수 있어. 오늘은 '기승전결'에 대해서 알려 줄게."

글의 구조를 '이야기 구성 5단계'로 나누는 작업은 쉽지 않다.

그리고 비교적 오랜 시간을 요구한다. 그보다는 간단한 '처음-가운데-끝'의 구성이 있지만, 이야기의 구조와는 맞지 않을 경우가 많다. 그래서 그 2가지 방법을 적절히 보완해 주는 방법으로 '기승전결' 구조가 있다.

기승전결은 이야기가 시작되고 전개된 후에 끝나는 진행순서를 의미한다. 글뿐만 아니라 말의 기본이 되는 4단계 구성으로, 말이나 글로 전달하고자 하는 내용을 깔끔하게 전달할 수 있다는 장점이 있다.

'기승전결'이라는 명칭이 간단하여, 이야기 구성 5단계보다 아이들이 훨씬 쉽게 익힌다. 특히 초등 저학년, 고학년 상관없이 읽기와 요약하기가 서투른 학생들에게는 4칸 짜리 시각적인 틀을 주면 상당히 도움이 된다. 이를 몇 번을 반복하면, 책을 읽는 과정 중 뇌에서 기승전결의 구조가 작동을 하게 된다.

가인이와 이야기 구성 5단계에서 했던 방법처럼, 책의 목차를 보고 기승전결로 4등분을 한 뒤에 정리했다. 설명을 들은 가인이는 자신이 써 온 독서록을 보면서 기승전결 구조로 『천사의 꽃바구니』를 분석하고 표에 정리했다.

◦『천사의 꽃바구니』목차◦

● 기승전결 정리

기	메리는 아멜리아랑 친구가 되고 선물로 꽃을 주었다.
승	메리와 아버지가 지방에 갔고, 아버지가 병이 나자 노부부가 돌봐 주었지만, 메리의 아버지는 돌아가셨다.
전	메리는 도둑이라고 누명을 썼지만, 나중에는 도둑 누명을 벗고 고향으로 돌아왔다.
결	메리는 재판관 아들과 결혼을 하게 되었다.

3장 어머니, 문학 주제 파악은 요약으로 해결됩니다

인물 관계도 그리기

소설이나 이야기는 등장인물이 겪는 사건을 다룬다. 그리고 그 인물이 벌이는 사건에는 반드시 배경도 존재한다. 이야기나 소설 속에 등장하는 인물은 이야기의 이해와 감상에서 핵심적인 요소다. 어떤 인물이 어떤 행동이나 말을 하느냐에 따라 사건이 전개되고 이야기의 사건 파악을 통한 이해를 위해서도 중요하다.

우리나라 작품인 경우에는 이름이 익숙해 좀 덜하지만, 외국 작품인 경우에는 상황이 다르다. 익숙하지 않은 이름에 글자 수도 여섯 글자쯤 되면, 이름을 확인하기 위해 책장을 앞뒤로 넘기느라 제대로 읽지도 못한다. 나중에 내용을 정리하는데도 영향을 미친다.

이런 경우에는 책을 읽기 전에 인물 관계도를 보여주며, 이름이

긴 등장인물의 이름을 소리 내어 읽도록 하거나 반복적으로 들려 주면 좋다. 일단 등장인물들이 선명히 구분되면 읽기가 훨씬 수월하다.

또 책갈피나 포스트잇에 등장인물들의 이름을 써서 책표지나 책속지에 붙여 둘 수도 있다. 초보 독서가이거나 책의 내용을 잘 정리하지 못하는 친구들에게는 정말 필요한 일이다. 그래서 종종 소설 책 앞부분에 등장인물들을 정리하여 소개하는 면이 제공되기도 하는 것이다. 읽기에서 등장인물을 제대로 파악해야 작품 속에 드러나는 모습, 행동, 대화를 관찰하기가 가능하고 그러한 일이 가능해야 이야기의 내용과 작가의 의도를 제대로 파악할 수 있다.

이런 고민은 우리나라만의 문제가 아니다. 미국 청소년들을 위한 문학 관련 사이트 '크립스 노트(www.cliffsnotes.com)'에는 세계 명작을 중심으로 작품별 인물 관계도나 등장인물 정리 리스트가 있다. 외국 작품일 경우에는 해당 사이트에서 자료를 검색해 보는 것을 추천한다. 또 시대에 걸맞게 웹상에서 인물 관계도를 만들 수 있다. 주로 쓰는 것은 온라인 디자인 사이트인 '캔바(www.canva.com/ko_kr/graphs/family-trees/)'다. 무료로 사용할 수 있다.

"이 작품은 줄거리 쓰기가 너무 힘들었어요."

"맞아요."

"그래? 둘 다 힘들었어? 힘들었던 이유가 무엇이었는지 생각해

봤어?"

"그것까지는 생각 못 했어요."

"이거 책 읽는 데 시간이 평소보다 훨씬 많이 걸려서 다른 건 생각도 못했어요."

평소 곧잘 요약하던 아이들이었는데 이번 책에는 유독 불만이 많았다.

"그랬구나. 아마 등장인물이 많아서였을 거야."

"아! 맞아요. 책을 몇 번이나 앞으로 갔다 뒤로 갔다 했나 몰라요. 그래서 평소보다 읽는 시간도 많이 걸린 거예요."

"내 말이."

"그래, 그럼 오늘은 이야기에서 가장 중요한 인물을 정리하는 방법을 알아보자. 오늘의 책인 『라일락 꽃 피는 집』에서 등장하는 인물들을 찾아 말해 볼까? 주인공은 누구였니?"

"음… 베티?"

"아니지. 쌤, 벤 아니에요?"

"맞아. 벤의 이야기가 제일 많이 나오니까."

"벤, 베티, 바브, 소니, 실리아 그리고 베티와 바브의 어머니…. 많이도 나오네."

"보영이가 말한 인물들을 선생님이 메모했어. 이번에는 등장인물들이 서로 어떤 관계를 맺고 있는지 정리해 보자."

인물 관계도를 그리기 위해 종이 한가운데 네모를 그려서 학생들에게 준다. 그리고 네모 안에 주인공의 이름을 적게 한다. 아이들은 주인공 이름이 쓰인 네모 주변에 여러 개의 네모들을 그린다. 그리고 등장인물들을 주변 네모 안에 각각 쓴다. 이어서 주인공인 '벤'과 주변 인물들의 사이에 화살표나 선을 그리고 세부적인 사항들을 생각하며 관계를 기록한다. 인물 간에 있었던 사건을 정리하는 친구들도 있고, 인물들의 성격을 표시하는 친구들도 있다.

● 인물 관계도

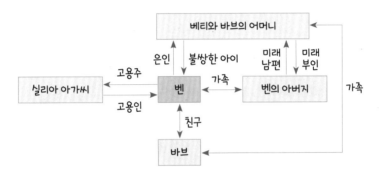

인물 관계도는 간단한 글이 담긴 표식으로 책 한 권을 요약하는 것이다. 요약이 꼭 글일 필요는 없다. 말로도, 그림으로도, 이렇게 표로도 할 수 있다. 자신이 이해한 것을 상대에게 정확하게 표현할 수 있다면 방법이 무엇이든 훌륭한 요약이다.

즐겁게 놀면서
배우는 요약 놀이

요약하기를 위해 지금까지 소개했던 방법들은 어느 정도 요약을 할 수 있으나 조금 더 완성도를 높일 때 사용할 만한 방법으로 초등 고학년이거나 중고등 학생들에게 더 적당하다. 초등 저학년이 거나 초등 고학년의 학생들 중에 요약을 전혀 하지 못하는 아이들에게는 놀이처럼 즐길 수 있는 방법들이 있다.

빙고로 줄거리를 꿰자

초등 3학년 수업 시간, 아이들에게 다음의 글을 읽도록 했다.

◦ 꿀떡해 버린 꿀떡 ◦

호랑이가 맛있는 꿀떡을 얻었어요.

"얼른 집에 가서 나 혼자 먹어야지. 룰루랄라."

기쁜 마음으로 걸어가는데 배가 고픈 토끼와 마주쳤어요. 토끼는 꿀떡을 보고 군침을 삼켰어요.

"호랑이야."

"응?"

"맛있는 보름달떡이 먹고 싶지 않니? 내가 만들어 줄 테니 그 꿀떡을 줘 봐."

"보름달떡이라고? 좋아!"

호랑이는 꿀떡을 토끼에게 주었어요. 꿀떡을 받아든 토끼는 야금야금 베어 먹기 시작했어요. 꿀떡이 둥글어지자 호랑이는 배시시 웃었어요.

"우아! 참 맛있는 보름달떡이 되었네."

그러자 토끼는 보름달떡을 야금야금 베어 먹더니 반달 모양으로 만들었어요.

"우아! 이번엔 반달떡이 되었다!"

"마지막으로 가장 맛있는 꿀떡을 만들어 줄게."

토끼는 남은 떡을 입에 넣고 '꿀떡' 삼켰어요.

"꿀~떡!"

"으앙! 내 떡!"

그제야 토끼의 꾀에 넘어간 것을 알아챈 호랑이가 울음을 터뜨렸어요.

"자, 우리가 읽은 내용에서 중요하다고 생각하는 낱말 9개를 표시해 보자."

대부분의 아이들은 자신이 좋아하는 낱말을 고른다. 때로는 형용사와 감탄사가 포함되기도 한다. 아직 어린 친구들에게 국어의 품사까지 설명하기는 적절하지 않다. 그리고 이런 것은 되고 저런 것은 안 된다고 하면 오히려 이해하기가 어렵다. 반복적으로 많이 나오는 낱말과 사건에서 중요하다고 생각하는 낱말을 고르라고 말한다. 빙고를 몇 번 반복하다 보면, 친구들이 공통적으로 많이 고르는 낱말들이 있다는 것을 이해하게 된다.

아이들이 단어를 다 고른 뒤에는 종이를 준비하고 빙고 칸을 만든다. 9개의 낱말을 고르라고 했다면 9칸의 빙고, 16개를 고르게 했다면 16칸 빙고. 초등 고학년이고, 장편이라 책의 분량이 많으면 25칸을 선택할 수도 있다. 위의 이야기는 짧아서 9개의 낱말을 골라 칸마다 한 개씩 적도록 했다. 아래는 한 아이가 실제로 기록한 빙고이다.

토끼	호랑이	꿀떡
보름달떡	반달떡	군침
꾀	울음	집

친구들과 빙고를 시작한다. 돌아가면서 차례로 자신이 쓴 낱말을 한 개씩 말하고, 친구들이 말한 낱말이 자신의 빙고판에 있으면

동그라미 표시를 한다. 이 과정에서 아이들은 내가 쓴 낱말이 친구들에게 없다거나, 친구들은 모두 적었는데 나는 적지 않은 낱말이 있다는 것을 자연스럽게 깨닫게 된다. 이 부분이 바로 아이가 책을 읽으며 놓친 부분이다. 신나게 빙고를 마친 후, 빙고가 된 낱말을 토대로 내용을 말하도록 한다. 그리고 자신이 한 말을 글로 바꾸어 작성하도록 한다.

빙고게임 후 아이가 쓴 요약 글이다.

> 호랑이가 꿀떡을 얻었어요. 그런데 길을 가다가 토끼를 만났어요.
> 토끼도 꿀떡을 먹고 싶었어요. 그래서 호랑이한테 보름달떡을 만들어 주겠다고 하고 한입 먹었어요. 그 다음에는 반달 떡을 만들어 준다고 하고 한 입 먹고 나중에는 꿀떡을 만들어 준다고 하며 다 먹어 버렸어요. 호랑이가 울었어요.

요약을 처음 시작할 때 좋은 것이 바로 이 빙고다. 게임을 통해 접근하기 때문에 아이들이 거부감을 보이지도 않는다. 이렇게 어느 정도 줄거리를 뗄 줄 알게 된다면 다음에 해볼 것은 육하원칙에 따라 말하기다.

육하원칙 질문 릴레이

육하원칙은 '누가, 언제, 어디서, 무엇을, 어떻게, 왜'라는 6가지에 맞춰 설명하는 것이다. 이에 따라 말하면 듣는 사람이 말한 내용을 정확하게 이해할 수 있는 큰 장점이 있다. 또한 이 규칙에 맞춰 이야기하기 위해 고민하다 보면 논리적 사고가 가능하다.

그럼 앞에서 읽은 '꿀떡해 버린 꿀떡'을 육하원칙에 맞추어서 질문 릴레이 게임을 해보자. 게임 규칙은 제일 먼저 선생님이 육하원칙 중 하나를 외치고 여기에 해당하는 답을 찾은 사람이 재빨리 손을 들어 답을 외친다. 단, 책 속에 없는 내용을 물어 볼 때는 큰 소리로 "몰라!"를 외친다. 제대로 된 답을 말하는 사람은 점수 포인트를 얻는다. 게임이 끝난 후 점수가 높은 사람에게 사탕과 같은 간단한 포상을 한다.

"누가?"
"호랑이가."
"아닌데. 다시 누가?"
"토끼가."
"언제?"

"언제더라. 옛날에?"

"아니야. 몰라야. 몰라!"

"좋아. 어디서?"

"길에서."

"무엇을?"

"호랑이의 꿀떡을."

"어떻게?"

"먹어 버렸다."

"왜?"

"몰라!"

"아닌데. 다시 왜?"

"왜 먹었지? 배고파서?"

"아닌데. 다시 왜?"

"먹고 싶어서?"

"그렇지. 잘했어."

이 게임을 할 때 빠지기 쉬운 함정이 바로 육하원칙의 요소로 설명이 불가능한 경우다. 위의 경우에도 '언제'에 해당하는 것이 이야기에 나오지 않는다. 이럴 때는 과감하게 해당 요소를 빼고 "몰라!"를 외치면 된다. 요약할 때도 내용에 없는 것이니 안 쓰는 것이 맞다. 가끔 어떻게 해서든 육하원칙을 모두 쓰도록 강조하는 경우가 있는데, 그렇게 되면 오히려 이야기를 지어내게 되어 제대로 된 요약을 할 수가 없다.

게임이 끝난 뒤에는 반드시 육하원칙으로 찾은 내용을 조합하여 완성된 문장을 쓰도록 지도한다.

SWBST로 키워드 모으기

에스더블유비에스티(SWBST) 차트는 독서 중이나 독서 후 책의 내용을 요약하는 것으로, 미국에서 어린 학생들에게 폭넓게 사용하는 방법이다. SWBST는 'Somebody-Wanted-But-So-Then'의 앞 글자만 따서 붙여진 이름이다.

Somebody(주인공): 누구의 이야기인지
Wanted(원하거나 하려고 한 것): 주인공이 무엇을 원했는지
But(문제): 하지만 어떤 문제가 생겼는지
So(문제 해결): 그래서 어떻게 문제가 해결되었는지
Then(해결): 그렇게 해서 이야기는 어떻게 끝나는지

우리 어린이들에게 좀 더 쉽게 이해시키려면 '누가-무엇-문제-

해결-끝'이라는 키워드로 설명한다. 특히 책의 가장 핵심적인 내용들을 파악하도록 돕고, 이야기에서 문제와 해결되는 과정을 정리함으로써 내용을 잘 이해하도록 돕는다. 특히 유아나 초등 저학년 친구들에게 학습이라기보다는 말놀이하듯 할 수 있어서 재미있다. 몇 번의 연습만으로도 비교적 효과가 크다.

현재 초등학교 4학년인 시후를 처음 만난 것은 시후가 3학년이던 해 여름이었다. 코로나19가 한창이던 때라 정상적인 학교 수업이 이루어지지 않아 등교한 날이 한 달에 4번 정도였다고 한다. 초등학교 3학년은 과목이 세분화된 수업이 시작되는 학년이다. 시후는 인지 능력에는 문제가 없지만, 읽기를 늦게 시작해서 독서가 다른 친구들보다 뒤처져 있었다. 그래서 시후 어머니의 요구대로 한 단계를 낮추어 초등학교 2학년 수준의 독서를 시작하기로 했다.

"아이가 책은 읽는데 단편적인 사실만 기억하고 전체 줄거리를 잘 파악하지 못해요."

"대부분 아이들이 그래요. 초등학교 2학년 때 읽은 이야기를 말하기라는 단원이 있지만, 이제 시작이지요."

"제가 직장맘이라 아이를 제대로 살필 수 없어서, 시후에게 책을 읽고 독서록을 시키고 있어요."

아직 어린 나이라 독립적으로 독서록을 쓰는 일은 아이에게 부담을 줄 수 있다. 특히 부모가 맞벌이일 경우에 자녀가 독서를 했는지를 확인하기 위해 읽은 책에 대해서 독서록을 과제로 내주는 경우가 많다. 독서록은 책을 읽고 책 내용과 나의 생각을 기록하는 것이다. 그런데 이를 부모님이 아이가 책을 읽었나 안 읽었나, 글씨를 잘 쓰나 못 쓰나 감시하는 용도로 쓰면 주객이 전도되면서 역효과를 내기도 한다. 이전에 학생들끼리 하는 말을 들은 적이 있다.

"나는 안 써. 독서록 쓰기 싫어. 어떻게 써야 하는지 모르고 글씨 쓰기도 싫어. 그래서 책을 아예 안 읽었다고 해. 그게 더 나아. 열심히 했는데, 글씨 못 썼다고 혼나기까지 하니 말이야."

시후 어머니에게 에스더블유비에스티 차트를 보여주었다.

누가 Somebody	무엇을 Wanted	그러나 But	그렇지만 So	결국 Then
주인공은 누구인가요?	주인공은 무엇을 원하나요?	그런데 무슨 문제가 생기나요?	어떻게 문제를 풀었나요?	이야기는 어떻게 끝나나요?

"어머니, 위쪽의 5개의 키워드만 기억하면 됩니다. 그리고 아이가 책을 읽고 나면 마치 놀이를 하듯이, 가볍게 대화를 나누듯이,

키워드를 말하면서 대화를 주고 받으세요."

"아, 이거 좋네요. 시후가 책을 제대로 읽었는지 확인할 수 있겠어요."

"안 돼요! 절대 질문하듯이 확인하듯이 하면 안 돼요. 그런 태도는 아이를 금방 움츠러들게 합니다. 오래 하지 않아도 될 거예요. 몇 번만 대화하듯이 하면 시후가 책을 읽으면서 키워드에 따라 책의 내용을 정리하는 틀이 생겨, 그 이후에는 묻지 않아도 될 거예요."

그렇게 시후 어머님은 시후와 대화하듯이 에스더블유비에스티 차트의 키워드를 활용하였고 아이는 책 내용을 정리 요약하는 틀이 생겼다. 게다가 옆에서 대화를 듣던, 6살 동생이 자기도 하고 싶다고 해 동생까지 효과적으로 책을 읽게 되었다고 기뻐했다.

다음은 시후가 정리한 『아기 돼지 삼형제』의 이야기다.

누가 Somebody	무엇을 Wanted	그러나 But	그렇지만 So	결국 Then
배가 고픈 늑대가	첫째와 둘째 아기 돼지들을 잡아먹고 셋째 돼지를 잡아먹으려고 했어요.	벽돌로 지은 막내 아기 돼지의 집은 쉽게 부서지지 않았어요.	늑대는 굴뚝으로 막내 돼지의 집에 들어갔지만	팔팔 끓는 솥 속으로 빠져 죽었어요.

표에 정리된 내용을 문장으로 이어 쓰면 다음과 같다.

배가 고픈 늑대가 첫째와 둘째 아기 돼지들을 잡아먹고 셋째 돼지를 잡아먹으려
고 했어요. 벽돌로 지은 막내 아기 돼지의 집은 쉽게 부서지지 않았어요. 늑대는 굴
뚝으로 막내 돼지의 집에 들어갔지만, 팔팔 끓는 솥 속으로 빠져 죽었어요.

깔끔한 요약이다. 이 방법은 초등 저학년이나 입학 전 아이들에
게 이야기를 말로 전달할 때도 유용하게 사용할 수 있는 요약 방법
이다. 육하원칙보다 단순하고 주인공을 중심으로 이야기를 정리할
수 있다는 특징이 있다.

그림을 활용한
쉬운 요약법

요약이 처음이라면 그림책으로

평소 나는 그림책 한 권 한 권을 미술관이라고 표현할 만큼 그림책을 좋아한다. 이전에는 그림책을 유아나 보는 책이라고 했지만, 요즘에는 그림책을 100세까지 보는 책이라고 인식한다.

하지만 서점에서 그림책을 유아 코너에 배치하고 있는 탓인지 초등학교에 입학해서도 그림책을 보면 큰일 날 것 같은 생각을 가진 학부모도 많다. 초등학교의 추천 도서나 권장 도서 목록을 자주 접하는데 초등학교 1~2학년에게도 100여 쪽이 넘는 글만 빽빽한 도서들이 대부분이다.

그림책은 요약하기를 어려워하는 친구들에게 가장 이상적이다. 대체적으로 그림책은 32쪽이 기본이다. 그림책은 글보다는 그림이 중심인 책이다. 보통 그림 한 장이 있으면, 그 그림을 중심으로 앞장과 뒷장에 이야기가 담겨 있다. 그래서 자신이 읽은 이야기를 그림을 통해서 확인할 수 있고, 또한 그림을 보며 이야기를 보충하기도 한다.

그림책을 읽어줄 때의 규칙은 명확히 정해져 있다. 우선 표지를 보고 많은 걸 살피게 한다. 책 표지는 책 내용을 압축하여 보여준다. 그래서 표지에는 책의 그림 중에서 최고의 장면을 배치한다. 최근 책들은 표지 삽화를 따로 그리기도 한다. 독자들을 책으로 끌어들이기 위해서다.

그리고 바로 1쪽을 펴서 읽어 주는 것이 아니라, 우선 천천히 넘기면서 그림만 보며 전체 스토리를 스캔하듯이 보여준다. 전문 용어로 픽처 워크(picture walk)라고 하는데 그림책에 있는 그림을 구경하듯 먼저 보여주는 것이다. 이렇게 되면 전체 스토리를 파악하고 이야기의 얼개가 만들어진다. 그럼 다시 1쪽으로 돌아와서 한 쪽 한 쪽 읽어 준다. 천천히. 눈으로 본 그림과 들려주는 이야기를 연결할 수 있도록, 문자를 음성 언어로 바꾸어 주면서. 똘똘한 친구는 그림 한 쪽을 펼쳐주면 자기가 들은 이야기를 종알종알 말하기도 한다. 이 시간에 급하게 굴면 안 된다. 그래야 그림이 빠져도 줄 글로 된 책에서 스스로 장면을 머리 속으로 그려가면서 이야기를 구성할 수 있는 힘이 생긴다.

"자, 『단군 신화』를 그림책으로 읽어 봤어요. 이 내용을 정리해서 말할 수 있는 친구?"

"에이, 선생님도! 그렇게 긴 이야기를 말로 하라고요? 한참 걸릴 거예요."

"그렇지 않아. 여러분이 읽은 책은 그림책이잖아. 그림책은 그림 속에 이야기를 담고 있어. 그러니 그림을 보며 이야기를 말하면 되지. 한 사람이 한 장면씩 말해 보면 어떨까?"

"제가 먼저 할게요. 첫 장면은요, 환웅이 여러 신을 데리고 땅으로 내려왔습니다."

"잘 했어. 그럼 다음 장면을 말해 줄 사람?"

"곰이 사람, 여자가 되었어요."

"그래, 그림에는 곰이 여자가 된 모습이지만, 조금만 더 이야기를 보태어 볼까?"

"곰이 환웅을 찾아와 사람이 되게 해달라고 했고, 그래서 마늘과 쑥을 먹으며 기다린 곰이 사람이 되었죠."

"맞아! 그 다음 장면도 이어서 말을 해볼까?"

"세 번째 장면은요, 단군 왕검이 태어났어요."

"네 번째 장면은, 단군 왕검이 고조선을 세웠다는 거예요."

"잘했어. 그럼 이번에는 친구들이 말한 내용들을 정리해서 말해 줄 사람?"

"제가 해 볼게요. 환웅이 여러 신을 데리고 땅으로 내려왔습니다. 곰이 환웅을 찾아와 사람이 되게 해달라고 했고, 그래서 마늘과 쑥을 먹고 곰이 사람이 되었어요. 환웅과 여자, 아니 웅녀가 결혼하여 왕검을 낳았어요. 단군 왕검이 고조선을 세웠어요."

"잘했어. 오늘 배운 것처럼 그림책 장면을 보면서 그림의 내용을 말로 해보면, 그리고 여러 장면을 이어서 말로 해보면, 줄거리가 되는 거야."

내가 만드는 그림책

"지난 시간에는 그림책을 보면서 이야기를 정리했으니, 오늘은 이야기를 읽고 그림으로 표현해 볼 거야."

"으~ 저 그림 못 그리는데요."

"괜찮아. 미술 시간도 아니고, 그리기가 어려우면 졸라맨으로 그려도 돼. 오늘의 활동은 그림이 중요한 게 아니고, 이야기를 그림으로 표현하는 방법을 아는 것이 더 중요해. 각자 이야기를 읽고 몇 장면으로 나누면 좋을지 생각해 보자."

아이들이 책을 뒤적이며 고민한다.

"다 읽었지? 그럼 몇 장면으로 나눌 건지 말해 볼까?"

"저는 세 장면이요. 처음은 환웅이 땅으로 내려온 거, 다음은 환웅과 웅녀가 결혼해서 왕검을 낳은 것, 마지막은 왕검이 나라를 세운 거. 이렇게요."

"저는 네 장면으로 나눌 건데, 처음은 환웅이 땅으로 내려온 거, 다음은 곰이 사람이 되게 해달라고 한 것, 그리고 환웅과 웅녀가 결혼한 것, 단군왕검이 고조선을 세운 거."

"또 다르게 나눈 사람 있을까?"

"저는 다섯 개로 나누어야 할 것 같아요. 환웅이 땅으로 내려온 것, 곰이 사람이 되게 해달라고 했고, 사람이 된 웅녀와 환웅이 결혼한 것, 웅녀가 왕검을 낳은 것, 그리고 왕검이 고조선을 세운 것으로요."

"모두 잘했어. 그럼 자신이 나눈 장면대로 그림을 그려 보자."

책을 요약할 때 각 장면의 그림만 그리고 멈춘 아이에게는 그림의 내용을 알려주는 글을 말 주머니나 설명글 형태로 쓰도록 한다. 이런 장면 설명이 없다면 자칫 그림만으로는 전체 이야기가 이

해되지 않을 수 있다.

　읽은 이야기를 몇 개의 장면으로 나누고 그림으로 표현하는 활동은 글이나 말로 표현하는 활동으로 가도록 이끄는 징검다리 역할을 해 준다.

작가의 의도를
찾아라

독서에 있어서 핵심적인 능력 중에 하나가 주제를 파악하는 능력이다. 책을 읽고 주제를 파악했다는 것은 읽기를 성공적으로 수행했다는 뜻이다. 글자의 의미를 이해하지 못하는 사람을 문맹(文盲)이라고 한다면, 글을 읽고도 주제를 찾지 못하면 '준문맹'이라 할 것이다. 유네스코에서 정의하기를 '준문맹이란 글을 읽고도 작가가 우리에게 전하고자 하는 생각, 주제를 찾지 못하는 것'이라고 했다.

주제는 구성, 문체와 함께 소설의 3요소이다. 구성도 주제를 효과적으로 표현하기 위해 사건을 질서 있게 배열하는 것이라면 결국 주제가 이야기나 소설의 핵심이라고 할 수 있다. 이야기를 바탕으로 창작된 영화나 소설도 마찬가지로 모든 이야기는 주제가 있다.

초등학교 저학년들이 읽는 책들은 비교적 단순한 구성으로 주제가 드러나는 이야기들이 대부분이다. 그렇지만 학년이 올라갈 수록 텍스트의 분량이 많아지면서 다양한 인물들의 관계나 사건이 복잡해진다. 그에 따라 작가가 우리에게 전하고자 하는 중심 생각인 주제가 겉으로 드러나 있지 않을 때도 있다. 하지만 비교적 독서를 꾸준히 해 온 아이들은 조금만 집중하면 주제를 찾을 수 있다. 독서와 함께 요약도 하고 자신의 생각과 느낌을 정리하면서 주제에 접근하는 연습이 되어왔기 때문이다. 그렇지 않은 경우, 주제 찾기는 남의 나라 일이라 생각한다.

주제 찾기가 왜 쉽지 않은 걸까? 성인을 대상으로 하는 강의에서도 주제를 찾으라고 하면 난감한 표정을 짓는다. 우리는 작품의 주제를 스스로 찾으려는 시도를 해 본 적이 거의 없기 때문이다. 중고등학교 때 교과서에서 보았던 작품들도 주제에 대한 언급은 있었으나, 참고서에 너무도 확실하게 주제를 정리해 두고 있어, 주제를 찾는 일이 자신이 스스로 해야 할 일이라고 생각해 본 일이 없었다.

요즘 학생들도 그렇다. 작품을 읽고 와서 줄거리와 생각, 느낌을 차례대로 발표한 후, 각자 찾은 주제를 말하라고 하면 상당히 꺼린다. 그리고 서로 눈치를 보면서 다른 친구가 말해 주기를 기다린다. 침묵의 시간이 흐르고 나면, 가장 용감한 친구가 이런 말을 한다.

"선생님, 그거 답지 같은 데 있지 않아요?"

정말 할 말이 없다.

"정아야, 『라일락 꽃 피는 집』의 주제는 뭘까?"

"서커스 단에 맡겨진 벤이 나중에는 아빠도 찾고 행복하게 되니까. 주제가 가족인가요?"

"그래, 가족에 대한 이야기지. 그리고?"

"그리고 베티와 바브의 어머니와 벤의 아버지가 결혼하잖아요? 그러니까 사랑도 들어가야 해요."

"맞아. 지금 정아가 말한 대로 가족, 사랑이라는 낱말만으로도 지금은 충분해. 조금 더 욕심내서 지금 한 말을 잘 정리해서 말해 볼까?"

"벤의 가족과 베티와 바브의 가족이 하나가 되는 이야기."

"그렇지. 잘했어. 앞으로도 학년이 올라갈수록 글에서 주제를 찾아내는 일은 아주 중요해."

"주제를 잘 찾으려면 어떻게 해야하는 데요?"

"첫째, 책을 잘 읽어야 해. 둘째는 자신의 생각과 느낌을 잘 정리해야 해. 마지막으로 작가가 이 책을 왜 썼는지를 곰곰이 생각해 봐야 해. 작가의 생각이 우리가 오늘 이야기한 주제거든."

"그럼, 작가는 책을 통해 하고 싶은 이야기를 하는 거구나."

"앞으로는 독서록에 줄거리, 생각과 느낌, 다음에 주제 칸을 만들어 둘거야. 처음은 힘들테니, 오늘처럼 떠오르는 낱말을 몇 개 쓰는 것도 가능."

"좋아요!"

독서라는 활동은 독자와 작가의 만남이라고 할 수 있다. 책을 통해 작가의 의도인 주제를 파악할 수 있는 읽기가 이루어지려면 주제를 찾는 활동은 당연하다고 볼 수 있다. 주제는 '중심이 되는 문제, 또는 작가가 나타내고자 하는 기본적인 사상'이라고 할 수 있다. 주제 의식이 명확할수록 작품의 내용이 쉽게 전달된다. 주제는 작품 전체에서 일관되게 드러나기도 하지만, 글의 한 부분이나 마무리 부분에서 나타나기도 한다. 고전 작품들은 비교적 주제가 분명하지만, 현대의 작품들은 주제가 다양하기도 하고, 감추어져 있는 경우가 대부분이다.

요약하기는 책의 중요한 내용들을 통해 주제를 찾는 데 도움이 된다. 텍스트를 읽고 이해했다는 것은 바로 주제를 파악했다는 의미라고 할 수 있다. 주제와 요약하기의 관계는 '주제를 파악할 수 있는 중요한 내용들을 추려내어 정리'하는 것을 의미한다. 그러므로 주제를 중심으로 중요한 내용과 덜 중요한 내용을 구분할 수 있는 능력이 아이들에게 요구된다.

일기 쓰기로 키우는
요약력

    일기 쓰기는 모든 글쓰기의 기초이다. 그렇다면 일기와 요약하기가 어떤 관련성이 있을까? 우리가 읽는다는 것은 다른 사람, 우리가 글쓴이 또는 작가라고 부르는 사람들이 쓴 글을 읽는다는 것을 의미한다. 타인이 쓴 글을 이해하기 위해서는 글의 구조를 알아야 하고 글의 구조를 파악하기 위해서 가장 우선적으로 갖추어야 할 기본은 독자인 자신도 글을 쓸 수 있어야 한다. 시점을 바꾸어 자신이 글쓴이의 입장에 놓이면 글이 더 잘 읽힐 수 있다. 그래서 영어권의 학교에서는 읽기와 쓰기를 하나인 것처럼 함께 지도한다.

    글쓰기의 첫 출발은 '일기'다. 대부분의 사람들이 글쓰기하면 초등학교 때, 처음으로 제출해야 했던 과제가 일기였다는 것을 기억할 것이다. 초등학교에 입학하여 처음 주어진 과제였던 일기는 세기를 넘어서 여전히 초등학교에서 과제로 그 자리를 지키고 있다. 일기는 오래된 쓰기 학습 방법이면서, 자신의 생각과 감정을 표현하는 법을 배우는 장이기 때문이다. 그리고 모든 사람들의 글쓰기 시작이 일기이기 때문에 글의 기초는 일기라고 말할 수 있다. 일기는 내 삶이, 내 생활이, 나의 이야기나 나의 생각이 글이 되는 첫 출발이다. 그렇지만 쓰기가 쉽지 않다. 일기 쓰는 과정을 간단히 살펴보자.

첫째, 하루 동안 있었던 일들을 생각한다.

둘째, 그 일들 중에 어떤 것을 선택해서 써야 하는지 골라야 한다.

셋째, 그리고 고른 글감에 대해서 있었던 일들을 떠올려야 한다.

넷째, 게다가 있었던 일에 대한 자신의 생각과 느낌도 더해 써야 한다.

어른들의 입장에서는 '일기 써!'라고 간단히 말할 수 있지만, 일기를 써야 하는 아이는 이 복잡한 과정을 혼자 해야 한다. 일기를 쓸 때 아이들의 가장 큰 고민은 무엇일까? 내가 만나는 학생들에게 일기 쓰기에 대해 물으면, 무엇을 써야 하는지 모르겠다고 한다. 무엇을 써야 하는지 알면 쓸 수 있겠단 말이다. '뭘 써요?'와

'어떻게 써요?' 두 개의 질문으로 온통 가득 차 있는 아이들에게 '일기 써!'라는 말은 공포의 명령어일지 모른다.

학부모님들께 늘 드리는 말씀이지만, 일기를 써야 할 때 일기 공책부터 꺼내지 말라고 부탁드린다. 하얀 백지를 보는 순간, 날짜와 날씨를 써 놓고 나면, 줄 친 공책이 마치 하얀 괴물 같은 느낌이 든다고 말하는 친구도 있었다. 이것은 오히려 쓰고자 하는 마음을 위축시키고 긴장하게 만든다.

아이들은 자신이 했던 경험을 바로바로 정리하지도 못하지만 콕 집어서 떠올리지도 못한다. 초등 1~2학년 아이들은 자신이 했던 일들이 계절이나 시기적으로 언제였는지 가늠하지 못한다. 우선 대화로 시작해야 한다. 대화를 통해, 아이의 하루 일을 생각하며 정리할 수 있는 시간을 주고, 했던 일이나 경험들을 이야기하듯 말할 수 있도록 도와 주어야 한다. 늘 하는 말이지만, '말이 곧 글이 된다'는 것을 알면 쓰는 두려움과 공포가 사라지게 된다. 그리고 충분한 시간을 두고 쓸 수 있도록 도와야 한다. 왜냐하면 가볍게 넘겼던 일기 쓰기가 각 학생들의 글쓰기 미래를 가늠하는 시작점이기 때문이다.

다음과 같은 표를 제시한다면 아이들은 훨씬 쉽게 자신이 한 일들을 기억할 것이다. 정확한 시간까지 기억할 필요는 없다. 아이들의 하루 생활을 크게 4구간으로 나누어만 주어도 한 일을 기억

● 나의 하루

구분	한 일
1. 학교 가기 전	
2. 학교에서	
3. 학교 다녀온 후	
4. 저녁	

하기가 훨씬 쉬워진다. 표에 따라 한 일들을 정리하면, 그중에서 가장 쓸거리가 많은 걸 고르면 된다.

하루의 일을 표에 정리해 보는 것도, 자신의 하루를 간략하게 요약한다고 말할 수 있다. 결국 일기도 자신이 했던 일들을 정리하고 그중에서 가장 쓸거리가 풍부한 것을 고르는 과정 중에 요약이 포함된다고 할 수 있다. 처음 몇 번은 이러한 과정을 반복하면 얼마 지나지 않아서 일기의 소재 찾기에 시간과 에너지를 소비하는 일 없이 일기를 쓸 수 있게 된다.

또한 이러한 과정을 반복하면, 글이나 책을 읽을 때도 등장인물들의 일과와 동선들을 이해하고 정리할 수 있는 기본 틀을 만들어 주는 데도 도움이 된다. 우리들의 이야기가 소설의 이야기와 같다는 것을 알 수 있게 하기 때문이다.

다음은 초등학교 3학년 양선이가 쓴 일기이다.

20__년 10월 28일 날씨: 맑음

우리 가족은 양평에 있는 바탕골에 갔다. 우리 가족은 컵을 만들려고 흙을 가져다가 열심히 만졌더니, 말랑말랑 하고 부드러워졌다. 컵이 완성!
컵에다가 여러 가지 무늬 도장을 찍었다. 훌륭하고 멋있는 나만의 컵이 만들어졌다. 오늘은 가져가지 못한다고 해서 굉장히 섭섭했다. 하지만 내 컵을 잘 말려서 나중에 주신다고 선생님이 말씀하셨다.
밖으로 나와서 나무가 지글지글 타는 곳에서 군고구마를 먹고 음악이 나오는 영화를 한다고 했는데, 우리 가족은 보지 않았다. 말하자면 판타지 비디오 같은 것이다. 그림과 조각을 보면서 내가 알 수 없는 것들이 많다. 아빠와 엄마는 네가 보면서 느끼고 생각나는 것을 마음속으로 생각하다 보면 알 수 있어라고 하셨지만, 나는 아직도 어른들이 만든 그림이나 조각들은 이해할 수가 없다. 어른들의 생각은 참 어렵다.

바탕골에 가서 있었던 일을 대부분 담았다. 일기는 그날 있었던 일들 모두를 기록하는 기록문이 아니다. 이렇게 그날 있었던 일 전체를 썼다면, 그 중에서 한 가지를 골라서 좀 더 자세하게 쓰도록 지도하면 된다.

"양선아! 너무 잘했어. 근데 그날 있었던 일들을 어떻게 이렇게 다 기억해서 썼을까?"

"제가 기억력이 워낙 좋잖아요!"

"인정합니다. 그런데 일기를 더 쉽게 잘 쓸 수 있는 방법이 있는데…."

"정말요? 어떻게요?"

"우선, 제목부터 정해보는 거야. '바탕골에 간 날'이라고 할 수도 있지만, 그보다는 바탕골에서 했던 일 중에서, 가장 쓸거리가 많은 것을 하나만 골라 제목으로 정해 봐. 그럼 하나의 이야기를 좀 더 자세하게 쓸 수 있어."

"뭘 고르지…. 아, 컵 만든 일이요."

"컵 만든 일을 고른 이유는 무엇 때문일까?"

"고구마나 영화는 다른 날도 할 수 있는데, 컵 만드는 것은 바탕골을 갔으니까 할 수 있었고, 다른 곳에서는 할 수 없는 일이잖아요."

"맞아. 그럼 컵 만드는 이야기만으로 다시 일기를 써 볼까?"

다시 쓰도록 하지는 않았지만, 일기를 어떻게 써야 하는지 대화를 통해서 가르친 사례다. 일기는 그날 했던 일 중에서 가장 중심이 되었던 일 하나만 골라서 써야 한다는 것을 아는 것이 중요하다. 하지만 대부분 어린이들은 자신이 했던 일을 기억하지 못할 뿐만 아니라, 기억한다 해도 하루의 일 중에서 무엇을 써야 할지 정리하지 못한다. 그래서 일기를 어렵다고 말한다.

다음은 초등학교 2학년 지형이의 일기이다.

20__년 12월 5일 날씨: 춥나? 덥나? 싸늘하네

제목: 아~ 귀찮아!

오늘 나는 아침 민우가 온다해서 기대했다. 준구랑 놀다가 정은이네가 김치 준다해서 갔는데 목이 말라 밀크스를 사고 나왔는데 민우는 울고 있었다. 친구한테 왜 우냐고 했더니 정은이 선영이를 미쳐서 넘어져서 민우 엄마가 혼냈는데 갑자기 민우가 왜나한테만 하냐고 울고 그래서 무궁화 꽃을 했다. 아니 정은이가 계속다시 해줬는데 또 아니 또 걸려서 정은이랑 손잡고 가라하는데 발로 계속 날 찼다. 아니 그러면 운다. 난 진짜 억울하고 짜증나고 화나서 때려주고 싶었다. 그레서 난 이제 정은이에 그때 모습과 행동이 싫다.

초등학교 2학년인 지형이가 쓴 일기는 대부분 어린이들의 글쓰기 초기 단계 모습이다. 맞춤법도 엉망이고 사건도 의식의 흐름대로 펼쳐진다. 하지만 이 일기는 칭찬할 구석이 많다. 지형이는 일기장의 한 페이지를 다 채웠고, 자신의 생각이나 느낌이 잘 드러나 있다. 이 글을 읽는 우리가 봐도 그날 지형이에게 있었던 일들과 지형이의 감정이 그대로 전달된다. 원인과 결과도 담겨 있다. 하지만 너무 많은 사건이 나열되어 있다. 제목도 정해진 상태이니, 써 놓은 일기 중에 제목과 어울리는 내용들만 간추려 쓴다면 일기의 수준이 한 단계 올라설 것이다.

독서감상문으로 키우는
요약력

초등학교나 중학교 시절, 독서감상문(독후감) 과제를 해 봤을 것이다. 일기 다음으로 보편화된 국민적 대표 글쓰기다. 독서감상문에 들어가야 할 기본 요소는 대부분 학생들도 알듯이 줄거리와 생각과 느낌이다. 독후감은 책 읽기를 통해 경험한 간접적 삶에서 얻은 생각과 느낌을 쓴 글이라고 할 수 있다.

독서감상문에서 줄거리 요약에 대해 말하기 전에, 일반적인 독서감상문의 형식을 살펴보자. 독서감상문은 처음-가운데-끝의 구성으로 이루어진 글이다. 일반적으로 부분마다 담아야 할 내용은 다음 표와 같다.

● 독서감상문에 담겨야 할 내용

처음	가운데	끝
• 책에 대한 간단한 소개 • 책의 전체적인 느낌이나 생각 • 책을 처음 보았을 때의 생각 • 책을 읽게 된 동기	• 책의 줄거리 • 인상 깊거나 기억에 남는 장면과 나의 생각 • 주인공과 나와의 비교 • 주인공이나 등장인물들의 성격이나 행동에 대한 나의 생각 • 책의 주제와 나의 생각이나 느낌 • 새로 알게 된 사실과 나의 생각	• 책을 읽고 난 후 자신의 느낌이나 생각 • 책을 통해 얻은 교훈 • 책에 대한 전체적인 느낌이나 생각

    다음의 글은 초등학교 3학년 서연이가 쓴 독서감상문이다. 서연이가 쓴 글을 바탕으로 독서감상문의 짜임을 살펴보자.

◦독서감상문 활동사례◦

나을 수 없는 용왕의 병
'토끼전'을 읽고

OO초등학교 3학년 2반 백서연

처음- 책에 대한 느낌, 읽게 된 동기

나는 '토끼전'을 읽었다. 이미 알고 있는 전래동화였지만, 다른 전래동화 책보다는 자세히 나와 있었다. 그래서 옛날의 진짜 '토끼전'을 알게 되었다.

가운데- 줄거리 및 생각과 느낌

옛날 동쪽 바다에서 있었던 일이다. 용궁에서 용왕이 갑자기 앓게 되자 신하들은 걱정을 하였다. 훌륭하고 용한 의원도 불러보고 좋다는 약은 다 써 보았지만, 용왕의 병은 낫지 않았다. 그래서 동쪽 바다에서 제일 훌륭한 의원에게 진찰을 받았다. 의원은 토끼의 간이 필요하다고 했다. 토끼의 간을 용왕님께서 드시면 낫는다고 했다. 그런데 용궁에서는 또 걱정이 생겼다. 육지에 나갈 수 있는 동물이 없었기 때문이다. 그때 자라가 육지와 바다를 모두 다닐 수 있어서 자라를 시키고 훌륭한 화가를 데려와서 토끼의 얼굴을 그리게 했다. 자라는 화가가 다 그린 그림을 들고 육지로 나가 토끼를 찾아다녔다. 산에 올라가서 토끼를 찾았다. 그러고는 용궁 구경도 시켜주고, 용궁에서 높은 벼슬을 세워준다고 꼬셔서 토끼가 간다고 했다. 토끼는 헤엄을 못한다고 했다. 자라가 토끼를 등에 태우고 바다를 슉 내려가서 용궁에 다 닿았다. 토끼를 방안에 가두고, 자라는 토끼를 잡아 왔다고 아뢰며 빨리 잡수고 일어나시라고 했다. 용궁에서 가장 힘이 센 신하들이 몽둥이와 밧줄, 칼을 들고, 토끼를 꽁꽁 묶었다. 토끼는 그제야 자기가 속았다는 것을 알게 되었다.
용왕은 죽을 각오를 하라고 명하였다. 그리고 간을 내놓으라고 했다. 하지만 꾀 많은 토끼는 꾀를 내어 말하였다. 자기는 간을 깨끗이 씻어서 바위 틈에 놓았다고 했다. 용왕은 새빨간 거짓말이라며 믿지 않았다. 토끼가 자기의 간은 너무 귀중해서 빼고 다닌다고 했다. 용왕은 그럴듯해서 토끼의 꾀에 속아 넘어가 다시 육지에 올라가 간을 가져오라고 했다. 그리고 오늘은 푸짐하게 먹여주고 잠을 재워 주었다. 다음 날이 됐다. 자라는 토끼를 태우고 육지로 가서 간을 가져오라고 했다. 토끼는 자라에게 바보라고 하고 도망갔다.
용왕은 자기가 제일 위라고, 자기만 생각하는 것 같다. 자라는 윗사람을 존경하고, 토끼처럼 꾀가 좀 있다. 토끼는 꾀가 많고, 자기의 생명을 가장 중요하게 여긴다.

끝 - 느낀 점

'토끼전'에 대한 내 느낌은 용왕과 토끼는 너무 자기만 생각하는 것 같다.
그리고 용왕의 신하들은 모두 용왕만을 생각하는 것 같다.

서연이가 쓴 독서감상문은 1,137자이다. 초등학교 3학년이 꽤 많은 분량을 썼다고 볼 수 있다. 그렇지만 내용적인 부분으로 나누어보면 줄거리가 885자로 전체 양의 70%다. 전형적인 독서감상문의 모습이다. 줄거리로 가득 채우고 글의 끝에 생각과 느낌이라고 말할 수 있는 몇 개의 문장을 더한 형식이다.

앞서 독서감상문에 담겨야 할 내용에서 보듯이 가운데 부분에 들어가야 할 내용은 줄거리보다 생각과 느낌이다. 줄거리는 자신의 생각과 느낌을 쓰기 위해 책 내용을 공유하는 부분이다. 독서감상문에서 생각과 느낌이 중요하지만, 대부분 '재미있었다.', '다음에 이런 책을 꼭 읽고 싶다.', '앞으로는 책을 열심히 읽어야겠다.'와 같은 문장으로 끝맺는데 이는 너무나 상투적인 표현이다.

그럼 어떻게 해야 독서감상문을 잘 쓸 수 있을까. 역설적이게도 줄거리를 요약하는 힘이 있어야 한다. 줄거리를 잘 요약한다는 것은 내용에 대한 이해가 충분함을 의미한다. 작가가 말하고자 하는 주제가 무엇인지 이를 표현한 주요 사건, 인물 성격, 배경 등이 어떻게 활용되었는지 아는 것이다. 이렇게 정리된 내용을 바탕으로 자신의 생각이나 느낌을 보태면 잘 쓴 독서감상문이 된다.

독서감상문의 수준을 나눈다면, 초급 수준은 전체 글의 대부분이 줄거리이고 생각과 느낌이 약간 들어간 정도라면, 중급 수준은 줄거리와 생각과 느낌이 잘 버무려진 상태, 그리고 상급 수준은 줄거리보다는 생각과 느낌이 많은 경우라고 할 수 있다. 그렇다면, 줄거리는 얼마만큼 써야 할까? 절대적인 기준은 없지만 나는 200 자 원고지를 기준으로 초등학생들에게는 학년에 맞추어 원고지 매수로 정한다. 예를 들어 초등학교 5학년이라면 독서감상문의 총 분량을 1,000자, 중고생은 기본 2,000자 쓰기를 권한다. 그리고 줄거리 분량은 우선 글 양의 반, 1/2을 목표로 한다. 그러다 1/3, 1/4로 줄여 상급 수준의 독서감상문 쓰기가 가능하다면 전체의 1/5 수준으로 요약해 쓰게 한다. 절대 처음부터 무리하게 줄이도록 지도하지 않는다. 글을 읽을 때, 모든 세부적인 내용을 기억하기는 불가능하기 때문이다. 그래서 요약을 하는 것이다.

문학 독해 지문을
술술 읽는 요약 기술

요약은 단순히 책을 읽고 쓰는 활동에만 필요한 것이 아니다. 요약 능력은 평생 필요한 기술이다. 특히 시험에서는 빠지지 않는 문제가 요약하기다. 대학을 가기 위한 첫 번째 관문인 수능에서는 요약하기가 어떤 모습으로 등장할까? 이 장에서는 수능 문학 영역에서의 요약하기 문제를 살펴 볼 것이다.

수능 국어 영역에서 문학 영역은 대략 40%다. 제시문들을 유형별로 분류하면 고전 소설 1편, 현대 소설 1편, 고전 시가와 현대 시 그리고 고전 산문이나 수필 또는 희곡이 출제된다. 문학이라고 하지만, 시와 소설이 다르고 수필이나 산문, 희곡은 또 다른 장르의 글이다. 그리고 소설 장르에서도 현대와 고전의 작품들은 또 다른 세계의 작품처럼 이질적이다. 각각의 장르에 따라 분석과 해석의 방법이 적용되어야 한다. 그리고 주어지는 제시문들이 소설이나 수필, 희곡은 전문이 아닌 발췌문이다. 작품의 일부분을 읽고 문제를 풀어야 해서 쉽지는 않다.

국어 영역이니, 대부분 한국 문학에 한해서 출제된다. 중·고등학교 교과서에서 다룬 작품들을 벗어나 소위 말하는 교과 외 지문일 가능성이 높다. 따라서 평상시에 다양한 문학 작품을 꾸준히 읽어두는 일이 중요하다. 끊임없이 발표되는 문학 작품을 생각해 보면 수능을 대비하기 위한 문제집을 영역별로 푸는 것으로 수능 국어를 대비할 수 없다. 결국 어떤 작품을 보더라도 장르의 특성에 따라 스스로 읽고 분석하는 일이 꾸준히 이루어져야 한다.

국어 교과에 나온 문학 작품을 시험에 출제하면 대부분 요약을 올바르게 했는지 묻는 문제다. 소설인 경우 시험에서 작품의 일부분을 제시문으로 제공한다. 대략 제시문 한 편에, 3~4문제가 출제되고, 가장 최우선으로 출제되는 것은 제시문에 담긴 내용을 수험생이 잘 알고 있는지를 묻는 내용에 관한 문제이다.

그동안 수능 문제들을 보면 다음과 같은 유형의 문제가 많다.

이 글의 내용을 바르게 이해한 것은?

이 글의 내용을 바르게 이해하지 못한 것은?

이 글의 내용과 일치하지 않는 것은?

참고로 수능 문제 형태는 다음과 같다.

(전략) 하루는 몸을 변하여 선관이 되어 머리에 쌍봉금 관을 쓰고, 몸에 홍포를 입고 허리에 백옥대를 두르고, 손에 옥홀을 쥐고 청의동자 한 쌍을 데리고 구름을 타고 바로 대궐 위에 이르러 공중에 머물러 섰으니, 이때는 춘정월 초이일이라.

상이 문무 백관의 진하를 받으시더니, 문득 오색 기운이 만연하고 향풍이 촉비하더니, 공중에서 말하기를

"국왕은 옥황의 명을 받으라."

하거늘 상이 놀라서 급히 백관을 거느리고 전에 내리샤 분향첨망하니 선관이 오운 중에 이르되,

"이제 옥황께서 여러 죽은 영혼을 위로하실 양으로 태화궁을 창건하실 제, 인간 각국에서 황금 들보 하나씩을 만들어 올리되, 장이 오 척이요 광은 칠 척이니, 춘삼월 망일에 올라가게 하라."

하고 말을 마침에 하늘로 올라가거늘,

상이 신기히 여기시며 전에 오르샤 문무를 모아 의논하실 때, 간의태위 왈,

"이제 팔도에 반포하여 금을 모아 천명을 받들어 올리니이다."

상이 팔도에 금을 모아 바치라 하고, 공인을 불러 장광 척수를 맞추어 지어내니, 왕궁에 있는 것은 말할 것도 없고, 팔도의 금이 전해지고, 심지어 비녀에 올린 금까지 벗겨 올리니, 상이 기쁘사 삼일 재계하시고 그 날을 기다려 포진하고 등대하였더니, 진시는 하여 사운이 궐내에 자욱하고, 향취 코를 찌르며, 오운 가운데 선관이 청의동자를 좌우에 세우고 구름에 싸였으니, 그 형용이 극히 황홀하더라. 상이 백관을 거느리고 부복하실 때, 그 선관이 가로되,

"왕이 힘을 다하여 천명을 순종하니 정성이 지극한지라.
나라가 우순풍조하고 국태민안하여 복조가 무량하리니, 경들은 상전을 공경하여 덕을 닦고 지내라."

말을 마치며 쌍학을 타고 내려와 황금 들보를 걷어 올려 남쪽 땅으로 향하니, 무지개 하늘에 뻗치고 풍우 소리 진동하며, 오색 기운이 각각 동서로 흩어지거늘, 상과 제신이 무수히 사례하고, 육궁 비번이 땅에 엎드려 감히 우러러보지 못하더라. 상이 어전에 오르샤 백관의 조회 받으실 제, 만세를 부른 후 대연을 배설하여 즐기시더라. 이때 우치 그 들보를 가져다가 이 나라 안에서는 처치하기가 어려운지라. 그 길로 외국으로 향하여 먼저 들보 절반을 팔아 십만 석을 사고, 다시 천 석을 마련하여 십만 빈호에 알맞게 분급하여 당장 죽음을 건지고 다시 이듬해 농량을 주니 백성들은 희출망외하여 다만 손들을 마주 잡고 여천대덕을 칭송할 뿐이요, 관장들도 또한 기가 막히고 어리둥절하여 어찌된 곡절인지 몰라하더라. (후략)

- 작자 미상 『전우치전』 -

이 글의 내용을 바르게 이해한 것은?

① 옥황상제와 임금을 매개하는 것이 바로 전우치이다.
② 왕은 백성을 사랑하는 마음으로 황금 들보를 만들었다.
③ 전우치는 선관으로 몸을 변화시켜 태화궁을 둘러보았다.
④ 전우치가 황금 들보를 취한 이유는 백성들을 구휼하기 위함이다.
⑤ 왕은 황금 들보를 바친 후 자신이 전우치에게 속았음을 깨달았다.

위 문제에서 요약이라는 언급은 없었지만, 결국 주어진 내용을 알고 있는지를 묻는다는 것은, 지금 읽은 내용을 정리하라는 의미이다. 제시문에 담고 있는 내용이 무엇인지에 대한 답을 하기 위해서도, 긴 제시문을 읽으면서 짧은 시간 안에 내용적인 부분을 요약 정리하여야 한다. 요약한 내용을 기록하지는 않지만, 제한된 시간

내에 주어진 제시문의 내용을 읽으면서 바로 핵심적인 부분만을 간추려 요약하는 기술이 발휘되어야만 풀 수 있다.

대부분 참고서 본문에는 문단별로 내용을 간략하게 정리해 두고 있다. 그렇지만 많은 아이들이 그것을 인지하지 못하고 급하게 문제부터 풀려는 경향을 보인다. 그리고 문제를 풀다가 막히면 본문을 다시 읽고 문제를 푼다. 그 후에 다른 문제를 풀 때는 또다시 본문을 본다. 내용을 묻는 문제를 풀 때는 사실 제시문을 여러번 보지 않도록 하는 것이 원칙이다. 일반 시험에서는 시험 시간이 충분하여 본문이나 제시문을 여러 차례 보거나 읽는 것이 아무런 문제가 되지 않을 수 있지만, 그런 습관이 몸에 익으면, 수능 시험에서는 시간 관리에서부터 문제가 생기기 때문이다.

수업하는 학생들에게 수능 이야기는 꺼내지 않지만, 초등 5학년 이상인 학생들부터는 짧은 단편을 읽힌 후 줄거리를 정리하게 시킨다. 단, 조건은 한 번 읽은 단편을 다시 펼치지 않은 상태로 줄거리를 정리해야 한다. 그런 연습이 충분히 이루어지지 않으면, 한 번 읽은 내용을 정리하지 않은 상태, 일명 대충 훑어 읽기를 하고 문제를 풀 때마다 제시문을 여러 번 보는 습관만 형성될 뿐이다. 이처럼 시험에서도 주어진 제시문을 빠르게 읽고 요약하는 능력은 시험의 성취도를 높이는 데에 큰 역할을 한다.

4

어머니,
비문학 분석
핵심은
요약입니다

이미지 틀로
요약하기

"선생님, 이번 책은 뭔가 내용이 많아요. 그래서 책을 읽기는 했는데, 기억이 잘 안나요."

"저도요, 저도 진짜 억울해요. 저 책 2시간도 넘게 읽었는데 하나도 모르겠어요."

아이들에게 우리나라 명절과 전통문화에 대한 책을 주고, 읽어 오라고 했더니 수업하러 와서 앉자마자 책에 기억할 정보가 많았다고 난리다. 책을 정말 열심히 읽었는데, 책장을 덮는 순간 다 잊어 버렸단다. 정보가 너무 많은 책은 어렵다며 징징대는 아이. 분명히 책을 두 번이나 읽었는데 막상 책 내용을 쓰려고 하니 하나도 모르겠다며 억울하다는 아이. 아주 각양각색이다. 그래도 열심히 읽었다니 뭐라도 남아 있겠지 싶어 아이들에게 퀴즈를 내봤지만, 결과는 애석하게 반타작이다.

정보가 들어가 있는 비문학 책을 읽혀 보면 아이의 호불호에 따라 책을 이해하는 정도가 극과 극인 경우가 많다. 예를 들어 전통문화나 사회에 관심이 있고, 배경지식이 많은 아이라면 관련 책을 읽었을 때 내용 이해나 요약에 별문제가 없을 가능성이 크다. 안타까운 것은 전통문화나 사회에는 전혀 관심이 없거나 그저 그런 지식을 가진 아이들이 관련 책을 읽어야 하는 경우다. 자신들 딴에는 열심히 읽었는데, 이해도 안 되고, 머리에 잘 들어가지도 않는다. 뭔가 특단의 조치가 필요하다.

이럴 때 아이들이 좋아하는 분야냐 아니냐에 상관없이 내용을 한눈에 파악할 수 있는 방법이 있다. 바로 전체 글을 그림처럼 이미지 틀로 요약하는 방법이다. 이미지 틀은 전문적인 용어로 '그래픽 조직자'를 말한다. 그래픽 조직자라는 말을 아이들 교과서에서는 쉽게 '틀'이라고 표현한다. 아이들이 그래픽 조직자라는 말을 어려워하기 때문에 나는 그것을 좀 더 쉬운 말로 '이미지 틀'이라고 표현하고 있다.

우리가 어떤 글을 읽을 때 특히 정보가 가득 찬 비문학 자료나 책을 읽을 때 그 내용이 한눈에 들어오지 않는 것이 일반적이다. 너무 많은 정보가 사방에 빽빽이 둘러싸여 있기 때문에 그 정보가 가리키는 가장 핵심적인 알맹이는 놓치기 쉽다. 이미지 틀은 주변의 정보들과 부수적인 자료들의 가지를 치고, 가장 핵심적인 정보만을 뽑아 키워드나 간단한 문구를 이미지로 표현하는 방법이다. 그 때문에 전체 글을 그림처럼 한눈에 파악할 수 있다. 마치 숨겨진 보물을 찾기 위해 아이들이 보물 지도를 가지고 길을 찾듯이 이미지 틀이 글 속에 숨겨진 중요 정보들이 어디에 어떤 형태로 존재하는지 미리 알려준다.

미국 교과서에서는 이런 이미지 틀을 읽기에도 많이 활용하고 있는데, 교과서의 각 챕터가 시작되는 첫 장에 내용을 미리 안내하는 용도로 제시되어 있다. 즉 그 챕터에 어떤 핵심 정보가 어떤 형태로 들어가 있는지 먼저 이미지 틀로 살펴보고 세부 내용을 읽으라는 의미이다. 그렇게 하면 학습자는 전체 내용이 머리에 들어오기 때문에 쉽게 세부 내용 파악이 가능하다. 일종의 독서 전 미리보기 활동인 셈이다.

이미지 틀은 전체 글을 읽고, 자기 것으로 소화해야 어떤 형태의 이미지 틀을 이용할 것인지, 가장 핵심적인 중심 내용에 무엇이 들어와야 하는지, 주변 정보들은 어떻게 배열해야 하는지를 스스로 결정할 수 있다. 따라서 고차원적인 요약 능력이 필요하고, 처

4장 어머니, 비문학 분석 핵심은 요약입니다

음 접하는 아이들은 낯설 수 있어서 약간의 연습이 필요하다. 하지만, 이미지 틀을 사용해서 자료를 요약하면 아무리 어려운 글도 마치 조감도처럼 눈에 들어오기 때문에 전체 글을 파악하는 데도 유용하고, 만드는 과정에서 독해력과 요약 능력이 높아진다. 또한 아무래도 긴 문장으로 요약하는 데 부담을 느끼는 초등학생이나 중학생들에게는 글자를 많이 쓰지 않기 때문에 만만하게 느껴지는 장점도 있다. 현재 우리나라 교과서에서는 초등 5학년부터 이미지 틀을 배운다. 하지만 초등 3~4학년도 약간의 연습을 하면 얼마든지 만들 수 있으니 참고하자.

정보가 나열된 글

정보가 담긴 글이란 우리가 편하게 읽는 이야기책이나 동시집 등 문학을 제외한 설명이 담긴 책이나 자료를 의미한다. 교과로 친다면 사회나 과학, 음악이나 미술 등 다양한 분야의 정보를 담고 있다. 이들은 아래 '송편'에 대한 글처럼 대상을 열거하기도 하고, 정의하거나, 예를 들어 설명하거나, 비교하고 대조하기도 한다. 어떤 대상을 분류해서 특정 기준으로 묶거나 하나의 대상을 자세히 분석하기도 한다. 시중에 나와 있는 대부분의 비문학 책은 이런 형태로 이루어진 글이라고 보면 된다. 대표적인 짧은 설명글의 사례는 '세탁기 사용 설명서'인데, 그만큼 전달해야 하는 정보를 간결하고, 객관적으로 써 놓기 때문이다.

이런 설명글 중에서도 정보가 나열된 글이란 한마디로 독자에게 전해주고 싶은 정보들을 여러 개 늘어놓은 글이라고 생각하면 편하다. 예를 들면 아래에 있는 송편에 대한 짧은 문단은 송편의 종류를 지역별로 늘어놓은 글이다. 이런 정보 글은 보통 여러 정보가 한꺼번에 담겨 있어 이 글을 쓴 사람이 진짜 하고 싶은 말이 무엇인지 알맹이를 골라 정리하면 전체 글의 그림을 볼 수 있다.

이런 설명글 중에서 특정 대상에 대한 정보가 여러 개 나열된 글을 골라 아이들에게 제시하면 된다. 아래 활동 사례를 살펴보자.

> 송편은 지역마다 종류가 다양하다. 반죽할 때 쌀가루에 추가하는 재료에 따라 송편을 나누어 보면 다음과 같다. 강원도는 감자나 도토리가 주로 생산되어 감자송편과 도토리송편, 충청도는 단호박을 이용한 호박송편, 전라도는 모시 잎을 넣은 모시송편, 경상북도는 칡을 넣어 반죽한 칡송편, 제주도는 달콤한 완두 소가 들어 있는 완두송편, 그 외에도 쑥을 넣어 만든 쑥송편, 소나무 껍질을 넣어 만든 송기송편 등이 있다.

"얘들아! 이 글은 무엇에 대해 이야기하는 내용이지?"
"송편의 종류요."

"맞아. 잘 읽어 보면 이 글은 지역마다 특색있는 송편의 종류를 나열하고 있지? 글의 구조가 이렇게 나열식으로 되어 있는 글을 간단히 요약할 때는 선생님이 보여 주는 아래 그림을 이용해 보자."

나는 아이들에게 이미지 틀을 주고, 글 속에 등장하는 송편의 종류를 빈 동그라미에 넣어보도록 했다. 글 속에 흩어져 있던 핵심 정보들이 이미지로 요약되어 한눈에 파악할 수 있다.

● 나열된 정보를 정리할 때 사용하는 이미지 틀

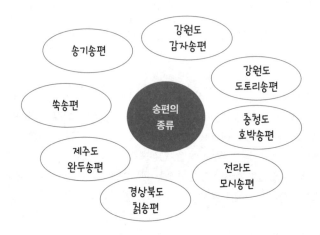

사회책이나 과학책 같은 비문학 책 중 정보가 나열된 구조의 글을 읽고, 이미지 틀을 만들 때는 먼저 전체 글에서 주로 하려는

이야기가 무엇인지 '핵심 주제'를 아이들에게 골라내도록 한다. 그리고 고른 주제는 이미지 틀의 가운데 원 안에 간단한 단어나 어구로 써놓고, 주제를 설명하는 정보들은 주변 작은 동그라미 안에 같은 방식으로 써넣으면 된다.

이 방법의 장점은 아무리 많은 정보가 담긴 글이라도 어떤 내용을 핵심적으로 말하고 있는지 쉽게 알 수 있다는 점이다. 아이들이 정보책을 이해하지 못하거나 기억하지 못하는 이유 중 하나는 중요해 보이는 정보들이 너무 많이 산재하여 무엇을 중요하게 읽어야 하는지 구분이 어렵기 때문이다. 그때 이런 그림으로 핵심적인 뼈대를 요약한다면 글의 전체 모양을 파악하는 셈이니 머리에 쉽게 들어온다.

다만 나열식 구조의 글을 이미지틀로 요약할 때 아이들이 하기 쉬운 실수가 있다. 핵심 주제의 주변에 들어가는 정보는 서로 같은 종류나 계열이어야 하는데, 글 속에 종류가 다른 정보를 무심코 원 안에 써넣는 경우이다. 예를 들면 송편의 종류를 나열하는 중에 '강원도에서 감자와 도토리가 주로 생산된다'는 정보를 보고 송편의 재료인 '강원도 감자와 도토리'를 작은 동그라미에 써 버릴 수 있다. 이렇게 되면 글의 핵심인 송편의 종류가 한눈에 들어오지 않고, 재료와 종류가 섞여 복잡해 보일 수 있다. 아이들은 보통 중요한 정보보다는 자신이 익숙한 단어에 먼저 눈을 빼앗기는 경우가 많다. 반드시 글의 주제와 핵심에 집중하도록 도와 줄 필요가 있으니 참고하자.

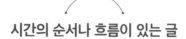

시간의 순서나 흐름이 있는 글

정보가 담긴 글 중에서 역사적인 내용의 글이거나 시간의 흐름 또는 과정의 순서가 나타나는 글을 요약하기에 적합한 활동이 있다. 예를 들면 구석기 시대부터 현대까지 집의 변화된 모습을 보여주는 아래와 같은 글이나 작은 샘물로부터 시작해 샛강과 넓은 강으로 흘러 결국 바다에 이르는 '강물의 여행' 같은 시간의 흐름이나 변화가 보이는 글을 읽을 때 사용된다.

지구가 태어난 이후로 사람들이 사는 모습은 계속 변했어요.
처음에는 사람들이 무리 지어 여러 곳을 떠돌며 살았어요.
그들에게 동굴은 좋은 집이 되어 주었어요. 동굴집은 비바람이 부는 나쁜 날씨나 사나운 짐승들로부터 사람들을 보호해 주었어요. 또 바닥에는 나뭇잎이나 짐승 가죽을 깔아 따뜻한 보금자리를 만들기도 했어요. 사람들이 집을 짓기 시작한 때는 신석기 시대부터예요. 구석기 시대와 달리 사람들은 사각형으로 땅을 판 후에 둘레에 나무로 기둥을 세워 뼈대를 만들었고 그 위에 이엉을 덮어 움집을 완성했어요.
움집 안에서 불을 피워 집안을 따뜻하게 만들고 음식도 해 먹었어요.

움집은 청동기 시대까지 사용되었어요. 철기 시대에는 이런 움집이 점차 사라져갔어요. 집을 짓는 재료나 기술이 더 발전했기 때문이었죠. 이제는 흙으로 벽을 만든 토담집이나 통나무를 쌓아 올려서 만드는 귀틀집이 생겼어요. 사람들은 신분에 맞추어 집에 볏짚이나 갈대를 엮은 지붕을 올려 초가집을 짓거나 흙을 구워서 만든 기와를 지붕에 얹어 기와집을 지었어요. 가난한 사람들은 초가집에, 힘이 있는 사람들은 기와집에 살게 된 거죠. 지금 우리는 단독주택이나 아파트에 살아요. 이렇게 집은 시대에 따라서 계속 변해왔답니다.

"얘들아, 이 글은 무엇에 대한 내용일까?"

"집이 어떻게 변했는지에 대해서 쓴 거예요."

"맞아. 그런데 내용을 보니까 집이 변한 순서가 있지? 이것처럼 어떤 주제에 대해서 시간의 흐름에 따라 변하는 모습이 담긴 글은 선생님이 보여주는 표에 넣어서 요약해 보자."

비문학 책이나 제시문 중에는 시간의 순서나 일의 진행순서, 방법 등이 순차적으로 드러나는 글들이 있다. 이런 구조를 가진 글을 만나면 다음과 같은 이미지를 주고 그 안에 변화 순서에 맞추어 핵심 단어를 넣도록 하면 된다.

● 시간 혹은 순서의 흐름이 보이는 정보를 정리할 때 사용하는 이미지 틀

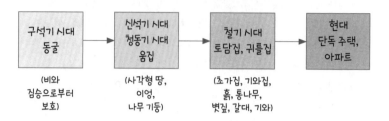

위 제시문에 있는 글을 이 그림 속에 핵심 단어로 요약하면 위와 같은 모습이 나온다. 이때 아이들이 혼동할 수 있는 부분은 집의 종류가 변한 내용만 넣어야 하는지 아니면 시대나 특징 등 다른 내용까지 함께 키워드로 넣을 것인지 하는 부분이다. 그것은 엄마나 선생님과 의논해서 결정하면 된다. 아래 요약 사례는 세부 정보를 함께 넣은 경우이다.

"얘들아, 제시문에서 집의 종류가 어떻게 변했는지만 알면 될까? 아니면 시대의 변화까지를 같이 알아야 할까?"

"시대까지 같이 알아야 해요."

"맞아. 시대는 모르는데, 집의 변화만 안다면 글의 내용을 일부만 이해한 거겠지?"

"그런데, 선생님. 그림 집에 들어가는 재료는 요약 안에 넣지 않아도 돼요?"

아이들에게 중요한 정보가 집의 종류뿐인지 시대에 따른 변화까지를 알아야 하는지 물어 보면 거의 시대까지 넣어야 한다가 대부분이다. 이때 글 속에 담긴 다른 정보들, 예를 들면 집을 짓는 재료라든지, 집의 특징, 집을 짓는 지역의 위치 등 다른 여러 내용을 함께 담을 것인지 고민이 된다. 그럴 때 글 속에 담긴 정보를 어느 선까지 요약할지 아이들과 의논을 해 볼 필요가 있다. 너무나 많은 정보를 도표 속에 담게 되면 글을 읽을 때 핵심내용이 머리에 바로 들어오지 않는다. 이 활동의 특징은 마치 그림을 보듯 한눈에 글의 전체 정보가 이미지처럼 찍히는 것이기 때문에 과도한 내용을 담게 되면 이 요약 방법의 장점이 사라지게 된다. 따라서 아이와 의논해 가장 핵심이 되고 필요한 정보만 가급적 간단히 적도록 한다.

두 개의 정보가 비교되는 글

정보가 담긴 글 중에서 어떤 글은 두 개 혹은 세 개의 대상을 서로 비교하거나 대조해서 각 대상의 공통점이나 차이점을 밝히는 경우가 있다. 예를 들면, 인라인 스케이트와 아이스 스케이트를 비교해서 두 개의 공통점과 차이점을 설명하는 식이다. 이런 형태의 글은 대상을 비교 대조하기 편한 벤다이어그램 같은 이미지 틀을 사용히는 것이 좋다.

얼마 전에 한강 불꽃축제를 보고 왔다는 사람들 중에는 자전거를 타고 여의도 근처까지 갔다는 겸험담이 꽤 있었다. 그렇게 먼 거리가 아니라면 사람들이 많이 몰리는 장소에는 자동차보다 오히려 자전거나 전동 킥보드 등이 더 유용하다.

자전거로 갈 때는 전용 도로를 이용하기 때문에 사람과 부딪칠 염려도 없고 안전하다. 물론 사람이 직접 바퀴를 움직여야 하기 때문에 힘이 들기는 하다. 하지만 이것도 운동의 일종이라고 생각하면 건강을 위한 선택으로 볼 수 있다. 또한 자전거는 사람의 힘 외에는 별도의 에너지가 들지 않고, 비용이 따로 들지 않는 장점도 있다. 요즘과 같이 지구 온난화로 환경문제가 중요해진 때에는 자전거 같은 친환경 탈 거리를 더욱 많이 이용한다. 서울시에서는 전철역이나 버스 정거장 인근에 공영 자전거인 따릉이를 비치하고 있다. 이런 따릉이를 이용하면 자전거를 굳이 사지 않아도 얼마든지 탈 수 있기 때문에 더욱 편리하다. 다만 어린 아이들인 경우 자전거를 탈 때 보호장구를 착용하는 것을 잊으면 안 된다. 무릎이나 팔꿈치 보호대, 헬멧 등을 써서 혹시 모를 사고에 대비하는 자세가 필요하다.

자전거 외에 근래 길거리에서 많이 만나는 탈것으로 전동 킥보드가 있다. 전동 킥보드를 타려면 별도의 면허가 있어야 한다. 만 16세 이상이 딸 수 있는 '제2종 원동기장치 자전거 면허'를 가져야 전동 킥보드를 사용할 수 있고, 킥보드를 탈 때도 안전모나 손목 보호대 등 안전 장비를 갖추어야 한다. 만약 안전모나 면허가 없는 경우에는 벌금을 내게 된다. 이렇게 전동 킥보드의 사용이 어려워졌지만, 자동차가 다니지 못하는 좁은 길까지 빠르게 갈 수 있고, 기계의 힘으로 가기 때문에 힘도 들지 않는다. 게다가 자전거처럼 주요 역 앞에 전동 킥보드가 비치되어 있는 점, 환경에 부담을 주지 않는 점 등 많은 장점이 있어 이용자가 줄지 않고 있다. 전동 킥보드를 이용할 때는 자전거 도로로 운행해야 하기 때문에 다른 자전거 혹은 보행자와 부딪치지 않도록 주의가 필요하다.

"선생님, 저도 이번에 한강 불꽃축제 가서 보고 왔어요."

"아, 저도요. 저도 봤는데, 아빠랑 자전거 타고 갔다 왔어요. 진짜 재미있었어요."

아이들에게 자전거와 전동 킥보드에 대한 글을 주었더니 앞부분만 읽고 벌써부터 엉덩이가 들썩거린다. 5학년 아이들에게 조금이라도 흥미 있어 보이는 글을 찾다가 주제가 생활과 관련이 있고, 두 개의 탈 것이 대비되는 제시문을 골라 주었다.

이런 두 가지 혹은 3가지의 주제나 소재가 등장하는 책이나 글인 경우 벤다이어그램에 핵심 단어를 넣어 요약하도록 한다.

● 두 가지 이상의 주제를 비교하는 이미지 틀

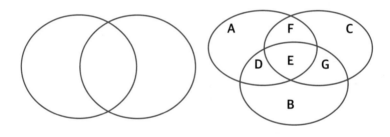

글의 내용상 두 개의 대상이 비교되거나 대조되는 경우는 초등고학년 아이라면 그래도 비교적 전체 글의 구조를 파악하기가 어렵지 않다고 느낄 것이다. 학교 교과서에도 2개의 대상이 비교되거나 대조되는 글인 경우 벤다이어그램을 사용하는 방법을 배운다.

하지만 요약 대상이 2개를 넘어 3개가 되는 경우 D(A와 B의 공통점), E(A, B, C의 공통점), F(A와 C의 공통점), G(B와 C의 공통점)칸에 어떤 내용이 들어가야 하는지 혼동될 수 있다. 또한 자전거와 전동 킥보드처럼 요약 대상이 2개인 글이라고 하더라도 교과서에서 일회적으로 배운 것을 얼마나 사용할 수 있을지 알 수 없다. 따라서 '아이들이 알고 있으니 모두 실제로 쓸 수 있겠지.'라는 생각을 버리고, 자주 사용할 수 있도록 여러 제시문이나 책으로 연습을 시켜야 한다.

하나의 주제 안에 여러 개의 세부 내용이 담긴 글

정보 글 중에서 하나의 큰 주제를 따라가며 세부적으로 자세히 설명하는 글을 요약하는 활동도 있다. 예를 들면 다음 글처럼 한옥에 대한 특징을 여러 가지로 설명한 글이나 우리나라의 K팝 문화를 음악, 음식, 기술 등으로 나누어 자세히 설명한 글이 해당한다. 이런 정보 글의 경우 가장 큰 대상인 주제가 있고, 주제를 설명하는 그다음 하위 정보와 더 밑의 세부 정보로 계층을 나누어 보면 좀 더 쉽게 글이 한눈에 들어온다. 일종의 순서도 방식이다.

우리나라의 대표적인 가옥 형태는 한옥이다. 한옥은 사계절이 있어 여름에는 덥고, 겨울에는 추운 기후에 적합한 집이다. 그 이유는 한옥이 여름에는 햇빛이 들어오지 않고, 바람이 잘 통해 시원하고, 겨울에는 햇빛이 잘 들어 따뜻하기 때문이다. 한옥이 이런 특징을 가질 수 있었던 것은 우리나라 지역마다 다른 한옥의 형태와 한옥이 갖추고 있는 몇 가지 구조적 특이점 덕분이다.

한옥은 지역의 기후에 맞게 몇 가지 건축 형태로 나누어지는데, 예를 들면 추운 북부지방은 밖에서 바람이 안으로 들어오지 않도록 미음(ㅁ)자, 중부지방은 기역(ㄱ)자, 무더운 남부지방은 바람이 잘 통하는 일(ㅡ)자형의 건물을 지어 사람들이 쾌적하게 살 수 있도록 했다.

또한 서양식 문과 달리 한옥의 문은 고정되어 있지 않다. 겨울에는 아래로 내려 정상적인 문이나 벽의 역할을 하게 하고, 여름에는 천장으로 문을 들어 올려 마루와 방을 하나의 공간으로 만든다. 그렇게 되면 겨울에는 찬 바람을 막아주고, 여름에는 바깥과 완전히 통하는 공간이 되기 때문에 통풍이 잘 되면서도 햇빛이 들어오지 않아 시원해진다.

한옥의 구조적 특징 중 처마도 빼놓을 수 없는 부분이다. 한옥은 지붕의 모양에 따라 처마가 길게 혹은 짧게 뻗어 있기 때문에 햇빛이 집 안으로 적당히 들어오도록 해준다. 일종의 햇빛 가리개가 되어 여름에 집 안으로 햇빛이 너무 많이 들어오지 않게 막는다. 겨울에는 처마 밑으로 적당한 빛이 들어오도록 길이를 너무 길게 만들지 않기 때문에 집이 추워지지 않는다.

"얘들아, 이 글을 다 읽어 봤지? 이 글은 무엇에 대한 글일까?"

"한옥이 살기 좋은 집이래요."

"맞아. 그런데 왜 살기 좋다고 했을까? 몇 가지 이유가 있다고 하는데?"

"집 모양도 여러 개고, 문도 바뀌고, 처마 때문에 좋대요."

"그럼 이렇게 여러 가지를 이야기하고 있는 글은 어떻게 간단하게 요약하면 좋을까? 선생님이 주는 아래 이미지 틀에 이 글의 핵심 어휘를 넣어 보자."

초등학교 5학년 아이들에게 한옥에 대한 위의 글을 주고, 전체 내용을 이미지 틀로 요약하도록 주문했다. 이런 글을 아이들과 요약할 때는 각 문단의 내용을 살펴보아서 전체 글의 구조가 어떻게 이루어져 있는지를 생각하도록 해야 한다. 하나의 큰 주제가 있고, 그 주제에 대한 하위 항목과 그 설명이 있는 형태이기 때문에 한옥이라는 대주제를 가장 위 항목에 올리고, 그 세부 항목으로 각 문단에서 핵심어를 찾아 간단한 낱말을 써넣도록 하면 완성이다.

"선생님, 맨 위 칸이 한옥이고, 둘째 칸에 집 모양, 한옥의 문, 이런 걸 쓰는 건 알겠는데요, 제일 아래 큰 칸에는 뭘 넣어요?"

"선생님, 꼭 단어로 써야 해요? 문장으로 쓰면 안 돼요?"

그림과 글을 열심히 들여다보던 수인이가 고민스러운지 묻는다. 나는 제시문 속에서 중간 항목에 들어가는 집의 형태, 문, 처마에 대한 세부 정보를 찾아 해당하는 항목의 맨 아래 큰 칸에 넣으라고 수인이에게 코칭해 주었다.

● 하나의 주제에서 하위 개념으로 갈라질 때 사용하는 이미지 틀

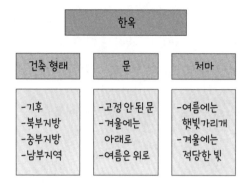

의외로 아이들이 이런 이미지로 요약을 할 때 가장 어려워하는 대목은 긴 내용을 하나의 키워드로 표현하는 것이다. 세부 정보는 핵심이 되는 어휘로 쓸 수 있으면 제일 좋고, 만약 낱말로 쓰는 게 어려울 경우 짧은 어절로 쓰는 것 정도는 가능하다. 예를 들면 '벽의 역할', '하나의 공간' 같은 짧은 어구는 괜찮다. 다만 세부 정보를 문장으로 써서 넣으려고 하면 이것은 요약으로 보기가 어렵다. 또한 이 그림 한 장으로 전체 내용을 간단히 살펴보려는 우리의 취지와도 맞지 않는다. 자세한 설명 문장에서 핵심적인 어휘나 어구를 뽑는 것 자체가 요약 훈련이라고 생각하자.

그 밖에도 책이나 글의 구조에 따라서 다음과 같이 다양한 형태의 이미지 틀을 사용할 수 있다. 이런 이미지들은 반드시 어떤 것을 써야 한다고 정해진 것이 없기 때문에 한 편의 글을 여러 형

태로 요약할 수도 있다. 물론 이미지 틀도 얼마든지 글의 구조에 따라 자유롭게 새로 만들어서 그리면 된다. 중요한 것은 어떤 이미지 틀을 사용했느냐가 아니라 책이나 글을 하나의 이미지로 한눈에 들어오도록 간단히 요약할 수 있는가 여부이다.

● 포함 관계, 장단점, 분야 별 정보 정리에 유용한 이미지 툴

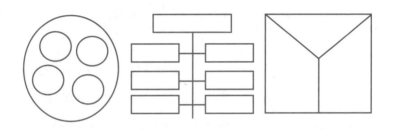

목차를 활용하라

"선생님, 요약을 좀 쉽게 할 수 없을까요? 누가 요약 좀 대신해 줬으면 좋겠어요."

"얘들아, 너희들 그렇게 요약이 힘들어?"

"네~."

"그럼 선생님이 너희들 대신 요약해줄 사람을 소개해줄게. 바로 책을 쓴 작가야."

수업 초반부터 자기 대신 요약 좀 해줄 사람 없냐며 찾던 아이들이 내 말에 모두 눈이 휘둥그레졌다.

우리가 읽어야 하는 비문학 책의 핵심을 가장 잘 알고 있는 사람은 누구일까? 딩동댕~ 맞다. 바로 그 책을 쓴 작가이다. 그래서 비문학 책을 읽을 때는 목차를 중요하게 눈여겨보아야 한다. 책을 쓴 작가는 자신이 하고 싶은 말을 가장 효과적으로 전달하기 위해 전체 책의 구조를 짠다. 이런 책의 구조가 드러나는 게 바로 목차이니 목차만 유심히 살펴봐도 작가가 이 책을 통해 무슨 이야기를 왜 하고 싶은지 알 수 있다.

그러니 우리 아이들도 작가가 미리 짜 놓은 목차를 중심으로 문장을 잘 정리하면 전체 책 내용이 한눈에 들어오도록 요약할 수 있다. 작가가 아이들 대신 이미 요약을 반 이상 해놓은 셈이다.

나는 아이들에게 『퀴즈, 미세먼지!』의 목차를 살펴보도록 했다.

◦『퀴즈, 미세먼지』목차◦

Q1. 먼지를 단 한 톨이라도 만드는 범인은 누구일까?
Q2. 어떤 먼지를 미세먼지라고 할까?
Q3. 미세먼지가 위험하다는데, 왜 그럴까?
Q4. 미세먼지를 줄이는 청소법으로 가장 좋은 것은?

"얘들아, 첫 번째 목차를 읽어봐. 첫 번째 장에서는 우리에게 무슨 이야기를 해 주고 싶을 것 같으니?"

"누가 먼지를 만드는지요."

"미세먼지가 어떻게 생기게 되는지 알려 주는 내용이 있을 것 같아요."

"그래, 맞아. 그러니까 너희들은 책을 읽어 보고, 작가의 첫 번째 목차에 답을 써서 자연스럽게 한 문장으로 읽히도록 쓰면 첫 장의 전체 내용을 요약하게 되는 거야."

"와아~, 이렇게 쉬운 방법이, 흐흐흐."

갑자기 아이들이 시끄러워졌다. 부담스럽게만 느껴졌던 요약이 갑자기 만만해졌나 보다. 아래는 아이들이 질문 형식인 목차에 답을 달아 한 문장으로 해당 챕터를 요약한 문장이다.

◦『퀴즈, 미세먼지』의 요약문 ◦

1. 먼지를 만드는 것은 지구에 사는 모든 생물이다.
2. 미세먼지란 크기가 머리카락 한 올보다도 훨씬 작은 먼지를 말한다.
3. 미세먼지가 위험한 건 크기가 너무 작아서 인간의 기관지 등에 문제를 일으키기 때문이다.
4. 물걸레질을 하면 미세먼지를 줄일 수 있다.

물론 모든 비문학 책이 이런 목차를 활용한 방법으로 요약하기에 적당한 것은 아니다. 하지만 정보책의 목차를 읽어 보고, 목차가 비교적 주제나 대상에 대해 자세히 나온 책이라면 얼마든지 이 방법을 사용할 수 있다. 또한 이 방법을 사용할 때 책의 모든 목차를 순서대로 요약할 필요는 없다. 전체 목차 중에서 책의 가장 핵심이 된다고 생각하는 목차 중심으로 문장을 만들면 된다. 즉 아이들이 판단하기에 중요도에 따라 목차의 선택과 삭제를 하면 되고, 요약할 목차의 순서도 자신이 원하는 대로 재배열할 수 있다.

정보가 많이 포함된 책일수록 전체 내용을 한두 문단으로 요약하기는 어렵다. 이 방법은 요약이 익숙하지 않은 아이들이 책에서 중요한 내용을 뽑거나, 요약문장을 만들 때 그들의 부담을 줄여 주는 이점이 있다.

다섯 손가락으로
요약하기

"애들아, 책은 어땠니? 재미있었니?"

"아니요. 이 책은 제가 좋아하는 동화책이 아니라서 흥미가 없었어요."

"저도요, 로켓에 대해서 알아야 할 것도 많고, 외워야 할 것도 많아서 재미가 없었어요."

"그래? 그럼 우리 이 책으로 게임을 해볼까?"

"좋아요."

6학년 아이들에게 로켓에 관한 책을 주었더니 내용이 복잡하고 어렵다고 난리였다. 문과를 나와 인문학 공부를 주로 한 나도 로켓의 역사나 발사원리 같은 과학과 물리학에 대한 책은 소화가 쉽지 않으니, 아이들의 부담이 십분 이해가 된다.

로켓에 관한 책을 부담스러워하고 어렵다고 느끼는 아이들에게 재미있게 놀면서 요약을 하는 방법으로 다섯 손가락 요약 활동을 선택했다. 다섯 손가락 요약 활동은 우리가 아는 그 다섯 손가락 퀴즈게임을 변형한 것이다. 나는 손가락을 하나씩 꼽으며 문장을 만들어 아이들에게 퀴즈를 냈다.

"하나, 새로운 로켓의 종류입니다. 둘, 건전지나 작은 발전기만 있으면 오랫동안 날아갈 수 있습니다. 셋, 자석을 이용해 날아가는 원리를 활용합니다. 넷, 아직은 종이 한 장을 들어 올릴 수 있는 정도의 힘만 낼 수 있습니다. 다섯, 기체에 열이나 전기를 가해 기체 원자가 마구 돌아다닐 수 있도록 하는 이온을 이용한 로켓입니다."

여러 아이들이 손을 들었다.

"선생님, 저요. 정답, 이온 로켓이요."

"맞아요. 이온 로켓이에요."

"와~ 내가 맞췄다. 선생님 선물 있어요?"

아이들이 왁자지껄 시끄럽다. 여기까지는 아이들에게 시범을 보인 것이다. 이제 아이들에게 책에 나오는 정보 중에서 중요하다고 생각하는 것을 뽑아 다른 친구들에게 낼 다섯 손가락 요약퀴즈를 만들라고 했다. 이때 아이들에게 막연히 퀴즈를 만들라고 하면 안 되고, 몇 가지 팁을 알려주는 것이 중요하다.

첫째는 책 속에 있는 내용 중에서 중요한 정보를 고르라는 주문이다. 비문학은 특성상 책 속에 널려 있는 정보량이 많다. 그중에서 가장 핵심적인 정보, 즉 작가가 이야기하고 싶은 가장 중요한 내용이 무엇인지 생각해서 그것을 퀴즈로 내야 한다. 하찮고 치사한 정보, 퀴즈로 낼 가치가 없는 정보에 대한 것을 문제로 낼 경우 무효로 할 수 있다고 아이들에게 이야기해 두면 된다.

둘째는 다섯 손가락 요약퀴즈를 다섯 개의 완성된 문장으로 만들어야 한다는 규칙이다. 잘못하면 아이들이 완성된 문장으로 만들지 않고, 대충 조각 정보를 친구들에게 말하듯이 던져서 "~ 색깔은 노란색" 이런 식의 토막 대화를 내뱉을 수 있다. 따라서 아이들에게 정보를 요약한 문장을 먼저 활동지에 정확히 쓰도록 하고, 그 후에 순서에 맞추어 문제를 내게 하면 된다.

셋째는 큰 정보, 해당 분야에 대한 정보부터 시작해 작은 정보, 구체적인 정보 순서로 문장을 써야 한다는 팁이다. 우리가 보통 비문학 정보를 요약할 때도 먼저 큰 덩어리 정보부터 시작해서 점점 구체적인 내용으로 문장을 만들지 않는가. 마찬가지다. 물론 퀴즈라는 묘미를 살리기 위해서도 처음부터 구체적인 내용을 알려 주면 재미가 반감된다. 그렇다고 아이들이 흔히 하는 실수, 예를 들면 친구들이 퀴즈를 맞추지 못하게 하겠다는 의지를 가지고, 너무나 뜬구름 잡는 식의 거대한 정보만을 문장으로 만들면 안 된다. 누구라도 마지막에는 그 정답을 알 수 있는 명확하고 구체적인 문장으로 요약해야 한다고 설명하면 아이들도 이해를 한다.

◦ **다섯 손가락 요약퀴즈 활동 사례** ◦

1. 이것은 앞으로 나가는 모든 것들과 관련이 있습니다.
2. 나가는 물질의 양이 다를 수 밖에 없습니다.
3. 한 번에 나가는 것도 있고 계속 나가는 것도 있습니다.
4. 나가는 힘에 따라 속도 등이 달라집니다.
5. 총알, 화살과 로켓 등의 차이를 말합니다.

1. 군대에서 많이 씁니다.
2. 미사일의 한 종류입니다.
3. 최근에 나온 미사일의 한 종류입니다.
4. 레이더가 달려 있습니다.
5. 낮게 날고 목표를 정확하게 타격합니다.

"서진아, 성윤아, 지금까지 자신이 낸 퀴즈나 친구들이 낸 것 중에서 책의 핵심 내용이라고 생각하는 퀴즈를 골라서 책의 중요 내용을 요약할 거야. 퀴즈로 낸 문장들을 잘 연결해 한 문단이나 두 문단짜리 요약문을 쓰면 돼."

이제는 전체 퀴즈를 정리해 책의 요약문을 쓰기만 하면 된다.

물론 아이들이 낸 퀴즈가 여러 개이니 그중에서 함께 읽은 책의 핵심적인 내용이라고 생각되는 퀴즈를 스스로 평가해 골라야 한다. 이때 아이들끼리 혹은 엄마와 아이가 협의해 몇 개를 고를 수도 있다. 그 후에 퀴즈 문장들을 참고해서 전체 책의 요약문을 완성하면 끝이다. 어차피 비문학 책은 너무 많은 정보가 담겨 있어 초등학생이 전체 책을 요약하기 어려운 경우가 대부분이다. 따라서 다섯 손가락 요약처럼 책의 주요 내용을 중심으로 요약문을 쓰면 된다. 만약 책을 챕터 별로 요약한다면 퀴즈 자체를 챕터에서 하나씩 내게 하고, 자신이 낸 다섯 문장을 참고해 챕터 요약을 시켜도 된다.

∘ 요약퀴즈로 쓴 요약문 ∘

서진이:
로켓의 차이는 계속 나가는 힘이 작동하느냐에 있습니다. 로켓은 엔진이 연료를 태우면서 계속 앞으로 나가는 힘이 작동됩니다. 하지만 총알은 처음 발사될 때 화약이 터지면서 나가기 때문에 쇳덩이가 날아가는 것입니다. 이건 마치 여러분들이 트램펄린에서 뛰는 것과 비슷한 작용입니다. 화살은 화약을 탄성력이 있는 줄로 바꾼 것과 비슷합니다.

성윤이:
순항미사일은 군대에서 훈련할 때 쓰는 미사일의 한 종류입니다. 순항미사일은 레이더가 달려있어 방향을 바꾸기도 합니다. 탄도미사일과 다르게 낮게 날고, 탄도 미사일에 비해서 사거리가 짧지만 정확도는 떨어지지 않고 정확합니다.

2W1H로 요약문 잡기

　얼마 전부터 매주 토요일이 되면 만나는 아이들이 있다. 서로 같은 반이라 만나면 언제나 시끌벅적한 아이들이 오늘은 '어린이 인성'에 대한 책을 가지고 활동을 하고 있었다. 마침 웃음과 긍정의 힘에 대한 내용이라 길지 않은 제시문을 아이들에게 주고 무슨 내용이 쓰여있는지 간단하게 요약해서 말해 보라고 했다.

　약간의 걱정을 하기는 했지만, 아니나 다를까 그중에 한 녀석이 제시문을 보며 중간중간에 있는 문장들을 대충 연결해서 발표를 한다. 또 다른 아이는 글을 덮더니 자신 있게 말했다.

　"선생님, 웃으면 건강에 좋대요. 많이 웃으면 행복해진다는 내용이에요."

"아~, 하하. 그, 그래. 그 말이 맞기는 한데, 또 정확히 그런 의미만 있는 건 아니야."

약간의 난감함을 담은 내 말에 다른 친구들도 완전히 틀린 내용은 아니니 선뜻 뭐라고 하지는 못했다. 하지만 발표한 아이를 제외한 나머지, 우리들은 서로 얼굴을 쳐다보며 애매한 눈치만 보았다.

책이나 제시문을 읽고, 그 내용을 말해 보라고 하면 위의 사례와 같이 전체 글의 뼈대만 너무나 간략히 말해버리는 아이가 있다. 말 그대로 어떤 내용이든 아무리 긴 책이나 글이 있어도 차 떼고, 포 떼서 살은 다 버리고, 뼈다귀만 남겨 친구들에게 전달하는 아이 말이다. 이런 아이를 만나면 어디부터 다시 요약해 보라고 시켜야 하는지 잠깐 멈칫하게 된다.

이와 정확히 반대인 경우도 있다. 책을 읽고 내용을 말할 때 횡설수설하며 장황하게 이야기를 늘어놓는 아이들이다. 실제로 한 어머니는 아이가 4학년이 되었는데도 책을 읽고 내용을 말해 보라고 하면, 엄청나게 열심히 이야기하기는 하는데, 도통 무슨 말인지 하나도 이해가 안 간다며 고민스러워했다.

글의 뼈대만 말해 버리는 아이든 장황하게 이야기를 늘어 놓는 아이든 두 종류 아이들의 공통점은 글 속에서 정확히 어떤 것을 읽고 전달해야 듣는 사람이 글의 내용을 이해할 수 있는지 모른다는 점이다. 이 경우 아이들이 생각해야 할 것은 일단 '내가 읽은 글이 무엇에 대한 글이지?', '이 주제에 대해 뭐라고 말하고 있지?', '왜 그렇다고 하는 거지?' 이 세 가지 질문이다. 이것을 줄여서 본다면 '2W1H'라고 할 수 있겠다.

요약이라고 하면 흔히 글쓰기만 생각하기 쉽다. 글을 읽고 그 내용을 압축적으로 쓰는 것을 흔히 요약한다고 말한다. 하지만 글쓰기는 여러 가지 표현 방법 중 하나일 뿐이다. 의외로 많은 학습 상황에서 요약은 글쓰기보다는 말하기로 표현된다. 말하기란 기본적으로 화자와 청자가 있기 마련인데, 내가 화자의 입장이 아니라 청자의 입장이라면, 즉 책의 내용이 궁금해서 듣고 싶은 사람이라면 내가 듣기를 원하는 가장 핵심적인 내용을 들려줄 때 귀에 쏙쏙 박히고, 머리에도 쉽게 입력될 것이다.

만약 여러분이 어떤 사건이 궁금하다면 상대방에게 무엇부터 물어볼까? '무슨 일인데-어떻게 된 건데-왜 그런 건데'의 순서로 질문하지 않을까 싶다. 이처럼 2W1H는 우리가 일상적으로 대화하는 대화법을 요약에 적용시킨 방법이다. 제시문을 보고 이 세 가지 항목을 아이들이 일단 말로 정리한 후 그것을 글로 쓰도록 하면 한 문단짜리 요약문이 나온다. 이제 다음의 제시문을 보고, 아이들과 한 번 2W1H를 찾아보자.

웃음의 힘을 보니 이제부터 일부러라도 웃어야겠지요?

웃음은 건강에도 도움을 준답니다. 우리 몸에는 약 650여 개의 근육이 있는데 손뼉을 치며 크게 웃으면, 231개의 근육이 사용된다고 해요. 그래서 1분동안 크게 웃는 것이 에어로빅이나 자전거 타기를 10분 동안 하는 것과 같은 운동 효과를 가져오지요.

'웃음'과 '긍정'은 같은 의미예요. 웃음이 많다는 건 그만큼 긍정적으로 생각한다는 뜻이니까요. 웃음과 긍정은 아주 큰 힘을 가지고 있지요.

다나가 역겹게만 느꼈던 채소 주스를 맛있게 마신 건 바로 긍정의 힘이었어요. '내 변비를 고쳐 줄 고마운 주스'라는 긍정적인 생각이 주스 맛을 바꿔 놓은 거지요.

이라크 주민과 미군의 갈등이 웃음으로 풀린 것도 긍정의 힘이 가져온 결과였어요. 웃음을 통해 양쪽 모두 생각이 바뀐 거예요. '저 사람들은 우리를 죽일 거야!'라고 믿었던 부정적인 생각이, 웃음을 통해 '저 사람들은 우리를 죽이지 않을 거야!'라는 긍정적인 생각으로 바뀐 거지요.

웃음과 긍정적인 생각은 바이러스와 같다고 해요. 바이러스처럼 널리 퍼져 나간다는 의미예요.

혹시 긍정 심리학이라는 말을 들어 봤나요? 긍정 심리학은 어떻게 사람들이 행복해지고 긍정적으로 되는지를 연구하는 학문이에요. 긍정 심리학 학자들은 어떻게 하면 행복해질 수 있는지에 대한 물음에 이렇게 대답합니다. "언제나 긍정적인 생각으로 세상을 보면 행복한 마음이 생깁니다!"

여러분, 여러분의 행복은 여러분에게 달려 있답니다. 많이 웃어서 행복한 사람에게는 이 세상이 더욱더 행복하게 보일 거예요.

- 『EBS 초등 인성학교1』 중에서 -

"얘들아, 우리 이 글을 읽고 2W1H를 찾아보자. 일단 이 글은 무엇에 대한 글일까?"

"웃음의 힘에 대한 글이요."

"저는 웃음과 긍정적인 생각에 대해서 말하고 있는 것 같아요."

"그래. 너희들이 잘 찾았어. 그럼 What을 찾았으니, How를 찾아보자. 이 글의 작가는 What을 위해서 어떻게 하라고 했을까?"

"많이 웃으래요."

"크게 손뼉 치며 웃으래요."

"맞았어. 많이 웃으라고 하지? 그럼 왜 웃어야 하는데? Why, 이유가 나와 있니?"

"이유가 많아요. 건강에도 도움이 되고, 운동 효과도 있대요."

"이라크 주민하고 미군이 갈등이 생겼을 때도 웃어서 생각이 바뀌었대요."

"긍정적인 생각을 하면 행복해진대요."

내가 아이들에게 2W1H를 물었더니 아이들이 제시문에서 그것을 곧잘 찾아 말했다. 이제는 아이들에게 지금까지 다같이 찾은 것을 연결해서 요약한 내용을 발표해보라고 하면 된다. 생각을 더 정교히 하려면 아예 발표할 내용을 먼저 원고로 쓰고, 그 원고를 읽도록 하거나, 아니면 먼저 대략적인 내용을 말하도록 하고, 혹시 그중에서 고칠 것이 있는지 친구들에게 물어 보아 발표할 내용을 확정 지으면 된다. 그 후에 요약문으로 정리해 옮겨 쓰면 첨삭까지

끝낸 한 편의 요약문이 된다.

◦ 2W1H 요약 활동 사례 ◦

안녕하세요, 웃음의 힘에 대해 발표할 이가율입니다.
웃음에는 힘이 많습니다. 웃으면 긍정적인 생각을 하게 되고, 건강해집니다. 이라크에서 갈등이 생겼을 때도 웃음으로 해결할 수 있었습니다. 많이 웃으면 행복해지고 긍정적이게 된다는 긍정 심리학의 이야기도 있습니다. 많이 웃어서 행복한 사람이 됩시다.

아이들이 가율이의 발표를 듣고 잘했다고 칭찬을 해 주었다. 그런데, 가율이의 마지막 말을 써도 괜찮은지 궁금하다고 질문하는 친구가 있었다. 이 활동은 요약하기 활동인데, 가율이가 마지막에 제시문 속에 없는 행복한 사람이 되자고 했기 때문이다. 엄밀히 말하면 요약 활동은 말 그대로 제시문의 내용을 압축해서 표현해야 하기 때문에 글에 없는 내용이나 주장은 포함되어서는 안 된다. 그 부분을 아이들과 다시 이야기해야 한다.

또한 어떤 제시문에 따라서는 What이 두 번 들어가거나 Why가 없는 경우도 있을 수 있다. 이것은 전적으로 어떤 내용의 글을 요약하느냐에 달린 문제이므로 원칙적으로 2W1H 방법을 적용하되, 반드시 한 번씩만 언급될 필요는 없다는 것을 염두에 두면 좋겠다. 일종의 활동 팁이다.

항상 책이나 글의 내용을 물어보면 뼈대만 간단히 말하는 딸내미 때문에 고민하던 가율이 엄마는 내가 보낸 수업 피드백을 보고, 가율이와 이 활동을 다시 해 보았나 보다. 며칠 후 가율이 엄마의 전화를 받았다.

"선생님, 어제 가율이랑 얇은 책을 읽고, 수업 피드백에 써 주신 방법대로 책 내용을 간단히 말해 보라고 했어요. 어떤 부분은 잘 이야기하고, 어떤 부분은 잘 못하더라고요. 그래도 가율이가 그전보다는 책 내용을 좀 더 구체적으로 이야기해서 좋았어요."

2W1H를 직접 적용해봤다는 어머니의 전화가 반가워 설명을 듣고 몇 가지 팁을 더 알려 드렸다.

"어머니, 첫술에 배부를 수는 없어요. 우선 책으로 시키지 마시고, 집에 있는 독해집의 간단한 제시문이나 교과서에 나오는 글을 읽히시고, 요약해 보라고 하세요. 짧은 글로 충분히 연습이 되면 그것보다 긴 책도 요약할 수 있어요. 그리고, 글 쓴 사람이 말하려는 바가 정확히 드러나는 글이 가율이가 요약하기에는 더 편할 거예요. 그런 종류의 글로 연습시켜 주시면 돼요."

"네, 선생님. 감사합니다. 호호호"

전화를 끊는 가율이 어머니의 목소리가 귀에 달콤하게 들렸다.

생각그물 x 육하원칙

평소처럼 서울의 한 도서관에서 독서지도와 관련된 학부모 강의를 마친 후에 수강생들에게 질문할 분은 남아서 물어보시라고 시간을 드렸다.

"선생님, 저희 아이가 이제 4학년이라서 역사책을 조금씩 읽히고 있어요. 이번에도 같은 반 친구가 재미있게 읽었다는 역사책이 있어서 그걸 도서관에서 빌려 왔거든요. 아이가 책을 읽었다고 하길래 중요한 사건에 대해 몇 가지를 물어 보았더니, 얘가 기억을 잘 못하더라고요."

자세한 사연을 들어 보니 아이가 역사책을 읽기는 하는데 막상 엄마가 물어 보면 자신이 읽은 여러 역사적 사건들을 잘 기억하지 못하고 있어서 무척 속이 상한다는 말씀이셨다.

역사책과 관련해 아이들이 이해하지 못하거나 기억하지 못하는 것은 몇 가지 복합적인 이유가 있다. 먼저 역사책에 등장하는 어휘들은 초등 중, 고학년 아이들의 일상어가 아닌 경우가 많다. 또한 한자어나 역사 분야의 개념어, 유물과 유적의 복잡한 이름 등으로 어려움이 가중된다. 게다가 지식의 양도 많은데, 이 많은 지식들이 넓게 펼쳐져 있고, 심지어 여러 지식들이 연결되어 있기에 어려움이 가중된다. 말 그대로 까만 건 글자요, 하얀 건 종이의 총체적 난국이기 쉽다.

이것을 해결하기 위해서는 물론 역사 분야의 개념어나 유물의 이름처럼 어휘력과 배경지식이라는 허들을 잘 넘어야 하겠지만, 그것만 가지고도 뭔가 정리되지 않는 문제점이 있다. 이때는 복잡하고 방대하게 펼쳐져 있는 역사적 지식을 한눈에 파악할 수 있는 요약정리의 기술이 필요하다. 바로 생각그물과 육하원칙 요약하기를 합친 방법이다.

생각그물은 마인드맵이라고도 하는데, 일종의 정보를 간단한 키워드 형태로 요약해 각 정보 간의 연결성까지 살펴 볼 수 있는 방법이다. 너무나 대중화되어 있어서 구체적인 설명이 필요 없을 정도이다.

육하원칙은 일명 5W1H라고도 하는데, 어떤 사건에 대해 '누가, 언제, 어디서, 무엇을, 어떻게, 왜' 했는지 간략하게 요약해 전달하는 방법이다. 주로 신문 기사와 같이 사실 위주의 사건을 상대방에게 군더더기 없이 객관적이고, 정확히 전달하려고 할 때 쓰인다. 이 두 가지 방법을 적절히 활용해 전체적인 큰 사건은 생각그물 형태로 만들되, 각 세부 항목의 내용은 육하원칙으로 요약하면 된다.

얼마 전에 나와 수업을 하는 5학년 혜나가 역사 시험에 대한 고민을 털어놓은 적이 있었다.

"선생님, 저 다음 주에 역사 시험을 보는데요, 공부를 조금 밖에 못했어요. 그런데, 어떻게 해야 공부를 잘 할 수 있을지 모르겠어요. 역사가 너무 어려워요. 외워야 할 것도 많고, 복잡해서 머리에 잘 들어오지도 않아요. 좀 도와 주세요."

그럴만하다. 얼마 전까지 아빠 회사 때문에 홍콩에서 살던 아이가 우리나라에 와서 역사 시험을 보려니 얼마나 어렵겠는가. 그래서 이미 나와 육하원칙에 대해서 공부한 혜나에게 이 방법, 즉 '생각그물 × 육하원칙'을 가르쳐주고 함께 역사책의 한 부분을 요약, 정리해 보았다.

> 통일신라 말기, 나라는 혼란스럽기만 했다. 신라 진성여왕은 날마다 귀족들을 모아 잔치를 벌여 나라의 돈을 낭비했다. 귀족들 또한 백성들을 올바로 다스리기보다는 자신들의 재산을 모으는 데만 신경을 썼다. 나라가 혼란스러운 틈을 타서 사방에서 반란이 일어났고, 살기 어려워진 백성들은 도적 떼가 되어 가난한 백성들을 괴롭히는 일이 반복되었다.

지방에 있던 호족들은 각자 자신의 힘을 키워갔는데, 특히 강원도 철원을 중심으로 세력을 키운 궁예와 전라도 지방의 전주를 중심으로 한 견훤이 가장 유명했다. 신라의 왕자였던 궁예는 어릴 때부터 무예를 익혀 양길의 장수가 되었다. 그는 출중한 무예 실력 덕분에 가는 곳마다 전투에서 승리하며 세력을 키웠다. 이후 섬기던 양길을 물리치고, 901년에 나라의 이름을 후고구려라 칭하고 스스로 임금이 되었다.

이런 궁예의 힘이 되었던 사람은 왕건이다. 왕건의 아버지인 왕륭은 아들과 함께 궁예의 신하가 되었다. 왕건은 궁예에게 충성을 맹세하며 송악에 궁궐을 쌓았으며, 900년에는 청주와 괴산 지역을 점령하여 궁예에게 바치기도 하였다.

당시 궁예와 쌍벽을 이루는 세력이 있었으니 전라도 지방의 호족이었던 견훤이다. 견훤은 900년에 완산주에 나라를 세웠는데, 백제를 계승한다는 의미에서 나라의 이름을 후백제라고 지었다. 견훤은 강한 군사력을 바탕으로 일본과 중국에 사신을 보내는 등 활발한 대외활동을 했다.

한편 국호를 '마진'으로, 다시 '태봉'으로 바꾼 후고구려의 궁예는 시간이 흐르자 자신을 미륵보살이라 부르며 사람들을 함부로 죽이는 등 포악한 짓을 저질렀다. 왕건은 918년에 홍유, 신숭겸 등의 장군들과 백성들의 뜻을 따라 궁예를 몰아내고 마침내 고려를 건국했다.

"혜나야, 이 글을 잘 살펴보고, 우선 가장 커다란 중심 사건을 가운데에 그려봐. 그다음으로 뼈대가 되는 작은 사건들을 주변 원에 넣어 편한 대로 생각그물을 만드는 거야. 사건들을 넣을 때는 네 나름대로 사건에 제목도 붙여서 써봐."

"선생님, 저 생각그물 그릴 때마다 항상 고민이 되는데요, 큰 사건이나 작은 사건이 뭔지는 알겠어요. 그런데, 그다음에 엄청 많은 내용들 중에서 어떤 걸 뽑아서 넣어야 잘 만드는 거예요? 뭐가 중요한 건지 잘 모르겠어요."

"네가 찾아야 하는 순서는 '큰 사건→작은 사건→작은 사건의 육하원칙'으로 넣을 항목 내용들이야. 선생님하고 같이 찾아보자."

● 기본 생각그물

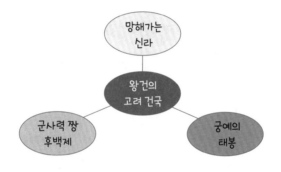

혜나는 위와 같은 기본 생각그물을 그렸다. 앞의 글이 고려의 건국 과정을 설명하고 있고, 그것과 관련되어 뼈대가 되는 세 나라의 이야기를 생각그물로 요약한 것이다. 작은 사건까지 정리가 됐으니 세 나라의 자세한 정보를 육하원칙 항목으로 정리하면 된다. 예를 들면 작은 사건 중 '군사력 짱 후백제'에서 누가는 '견훤', 언제는 '900년', 어디서는 '완산주', 무엇을은 '후백제', 어떻게는 '나라를 세워 활발한 대외활동을 했다', 왜는 '백제를 계승하기 위해서'이다.

● 생각그물×육하원칙

누가: 견훤
언제: 900년
어디서: 완산주
무엇을: 후백제
어떻게: 나라를 세워 활발한
　　　　대외활동을 했다.
왜: 백제를 계승하기 위해

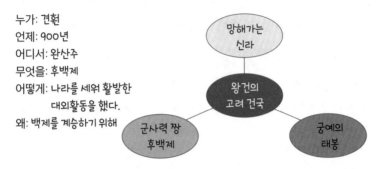

　　초등 5학년 정도 되는 고학년이라면 생각그물은 그리기 쉽다. 다만 제대로 그리기가 어려울 뿐이다. 위와 같이 사건이나 인물이 중심인 제시 글에서 반드시 넣어야 하는 것이 무엇인지, 정확히 어떤 것을 요약 내용으로 써야 하는지 아이들이 잘 모르는 경우가 많다. 이럴 때 아이들에게 육하원칙을 찾아서 쓰도록 제시해 보자. 이렇게 하면 아이들도 무엇을 찾아서 요약해야 하는지 알 수 있고, 전체 사건의 요약도 명확해져서 이해하기 쉬워진다.

　　혜나도 복잡한 역사적 사건들을 몇 개 이 방법으로 나와 함께 연습해 보고, 곧 스스로 정리할 수 있게 되었다. 일주일 후 수업 시간에 만난 혜나는 다음날이 역사 시험이라며 아예 이 '생각그물×육하원칙' 방법으로 자신이 정리한 노트를 가져와 나에게 보여주었다. 한눈에 사건의 모습이 보이면서 동시에 중요한 일을 정확히 알 수 있어서 외우기도 쉬웠다고 좋아했다.

3단계 요약문 만들기

요약에 대해서 아이들과 활동하다 보면 궁금할 때가 있다. 과연 이야기가 있는 동화책을 요약하는 게 더 쉬울까. 아니면 정보책을 요약하는 게 더 쉬울까? 아이마다 차이가 있겠지만 동화책을 요약하는 게 더 쉽다는 아이들을 몇 번 만난 적이 있다. 이유도 나름 공감이 간다. 동화책은 이야기의 흐름이라는 게 있으니 그것만 따라서 요약하면 된다나? 그런데 정보책은 내용은 많지, 흐름을 따라서 쓸 이야기는 없지, 그래서 어디부터 어디까지 요약하면 되는지 모르겠단다. 맞는 말이다.

이런 아이들을 위해 비문학 요약을 아주 쉽게 하는 방법 중 하나로 '3단계 요약문 만들기'를 소개해주고 싶다. 우리가 흔히 요약이라고 하면 전체 내용을 간략히 줄여서 한두 문단으로 길게 쓴 글을 떠올리는데, 이 요약 방법은 말 그대로 내용이 요약된 문장을 간단히 쓰면 된다. 그래서 쓰기 부담도 적다.

우선 요약문 만들기 연습을 하기 위해 책 전체를 아이에게 읽힐 필요가 없다. 한 책의 소챕터 혹은 2~3장 분량의 제시문을 준비한다. 만약 고학년이라면 1~2장 분량의 신문기사를 제시해도 좋다. 제시된 글을 아이들이 꼼꼼히 읽게 한 후에 자신이 중요하다고 생각하는 부분을 하나의 항목이라고 정하고, 총 몇 가지 항목에 대해서 요약할 것인지 결정하게 한다. 이때 요약할 총 항목의 개수는 10개를 넘지 않게 조절하는 것이 좋다. 요약문의 개수가 많아지면 한눈에 요약문이 잘 들어오지 않고, 결정적으로 사소한 정보까지 아이들이 요약하려고 할 수 있다. 이것이 1단계이다.

2단계로 자신이 정한 항목의 내용을 간략히 하나의 문장으로 쓴다. 이때 주의할 사항은 너무 긴 문장으로 쓰지 않도록 해야 한다는 점이다. 요약문이 70~80자가 넘어가는 긴 글이 되면 요약문 속에 들어간 정보가 복잡해지거나 2~3가지 내용이 함께 들어가게 되어 명확성이 떨어진다. 되도록 50자 내외의 짧은 문장으로 핵심만 넣어 쓰도록 유도한다.

마지막 3단계는 완성된 요약문을 스스로 첨삭해 보는 것이다. 여기서 말하는 첨삭은 물론 문장 표현이 어색하지는 않은지, 문장의 호응이 맞는지 같은 일반적인 내용도 포함되겠지만, 내용에 더 초점을 맞추어야 한다. 즉 요약 문항들이 서로 인과관계가 맞는지, 각 항목들의 내용이 상호관계로 잘 연결되는지, 전체 글의 중요 내용을 잘 담고 있는지 등을 판단해 보는 작업이다. 이 마지막 단계가 어떻게 본다면 아이들이 자신의 요약문을 객관적으로 평가해볼 수 있는 기회라고 할 수 있다.

다음은 아이들과 3단계 요약문 만들기를 한 사례이다.

우리는 타인을 때리거나 협박하는 행위를 폭력이라고 말해요. 그런데 욕설이나 말로 하는 협박도 폭력이라는 사실은 잘 모르고 있어요. 그것도 분명 '언어폭력'이라 불리는 위험한 행위인데 말이에요.

그런데 언어폭력은 사람뿐 아니라 동물이나 식물에게도 심각한 문제를 일으킨다고 해요. 2012년, '말소리의 의미가 식물에 미치는 영향'을 알아보기 위한 특별한 실험이 이루어진 적이 있었어요. 포항 스틸러스 축구팀이 한 실험이에요.

포함 스틸러스 축구팀은 숙소 식당 입구 양쪽에 두 개의 고구마 화분을 놓았어요. 그리고 식당을 드나드는 선수들로 하여금 한쪽 고구마에게는 "사랑스러운 고구마야, 참 예쁘구나!"라는 말을, 다른 쪽 고구마에게는 "못생긴 고구마야, 넌 안돼!"라는 말을 60일간 반복해서 하게 했어요. 그러자 같은 양의 물을 주어 키웠음에도 불구하고 좋은 말을 듣고 자란 고구마가 나쁜 말을 듣고 자란 고구마보다 무성하게 잘 자랐다고 해요. 이 실험으로 긍정의 말이 가진 효과를 알게 된 선수들은 그날부터 서로에게 긍정적인 말을 건네기 시작했지요.

"넌 이번 경기에도 잘할 거야!"

"그래! 우린 가장 훌륭한 팀이야!"

그리고 결국 포항 스틸러스팀은 2012년과 2013년, FA컵 우승을 차지하는 좋은 결과를 보였어요.

말을 알아듣지 못하는 식물도 나쁜 말에 상처를 받고, 긍정적인 말에는 힘을 얻어요. 감정과 생각을 가진 사람이야 더 말할 것도 없지요.

오늘부터 당장 하루에 한 마디, 긍정의 말을 시작해 보세요.

- 『EBS 초등 인성학교1』 중에서 -

"애들아, 아까 선생님이 설명한 대로 이 제시문의 요약문을 만들어 볼 거야. 이 글에서 각자 몇 개의 요약문을 만들지 내용을 쪼갤 부분의 항목 개수를 정해볼까?"

"선생님, 그냥 쉽게 문단마다 한 문장씩 만들면 안 돼요?"

"세현아, 그렇게 쉽게 생각하지 말고, 제시문에서 중요하게 말하고 싶은 것이 몇 가지나 되는지 항목 개수를 일단 정해 봐."

"저는 결정했어요. 글에서 세 가지 이야기하고 있는 것 같아요. 세 항목으로 요약문을 만들래요."

"선생님, 저는 다섯 개요. 다섯 개 항목으로 만들어도 되죠?"

"그럼! 혜인아, 대신 중요한 내용을 중심으로 만들어야 해. 너무 사소한 정보로 문장을 만들지 않는 거야. 그것만 지키면 돼. 이제 요약문장을 써 볼까? 알지? 길지 않게 50~70자 정도 되는 길이로 쓰는 거야."

"네."

아이들은 자신이 만든 요약문의 글자 수도 일일이 세어보고, 문장이 어색하지는 않은지, 또 요약할 부분의 문항들이 서로 충돌하지 않고, 말이 잘 되는지, 문장들이 서로 연결되는지 등을 살펴 보았다. 이렇게 3단계 검토, 즉 문장별 인과관계나 상호 연결 관계가 잘 드러나는지 확인하는 활동을 거쳐서 자신의 요약문을 수정하면 좀 더 나은 요약문장을 만들 수 있다.

아이들이 3단계 요약문을 만들 때 흔히 하는 실수 중 하나는 항목을 제대로 나누지 못하는 것이다. 그 외에 더 간략하게 표현할 수 있는 부분을 그대로 남겨 둔다거나, 글 속에 있는 내용을 추론하여 표현하는 과정에서 자신의 말로 바꾸다 보니 내용과 다른 글을 쓴다거나, 문장 간에 연결이 잘되지 않아 인과관계가 없어지는 등 여러 실수를 한다. 이런 몇 가지 부분을 주의한다면 이 방법은 긴 글도 효과적으로 요약할 수 있는 장점이 있다.

초등학교 5학년 혜인이의 요약문은 전체 내용이 빠짐없이 연결성 있게 요약된 글이다. 잘 쓴 요약문이지만 아쉬운 점은 항목을 나눌 때 언어폭력에 대한 내용을 1번으로 모두 묶어야 하는데, 2번 내용의 일부까지 포함시킨 부분이다. 폭력 중에서 언어폭력 부분을 1번으로 묶고, 2번과 3번 항목을 묶어 고구마 실험 전체를 요약한다면 더 간단한 요약문이 될 수 있다. 5번 항목의 경우 '우리는 말을 이쁘게 해야 한다는 것을 알 수 있다.'는 제시문의 내용을 읽고 충분히 나올 수 있는 이야기이지만, 글 속에 직접적으로 나와 있는 내용은 아니다. 따라서 같은 의미이지만 글 속에 언급되어 있는 표현으로 쓰는 것이 낫다.

◦3단계 요약문 활동 사례◦

1. 때리거나 협박도 폭력이지만 말로 상처를 주는 것도 폭력이다.
2. 언어폭력은 동식물에게도 문제를 일으킨다. 한 축구팀에서 한쪽 고구마에게 는 착한 말을, 한쪽 고구마에게는 나쁜 말을 했다.
3. 그랬더니 착한 말을 들은 고구마는 무성하게 자랐고, 나쁜 말을 들은 고구마 는 잘 안 자랐다.
4. 축구팀은 이를 계기로 서로 칭찬을 하여 경기에서 이겼다.
5. 이 실험 결과를 통해 우리는 말을 이쁘게 해야 한다는 것을 알 수 있다. 지금이 라도 긍정적인 말을 해보자.

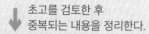
초고를 검토한 후
중복되는 내용을 정리한다.

1. 말로 상처를 주는 언어폭력은 동식물에게도 문제를 일으킨다.
2. 축구팀의 언어폭력에 대한 고구마 실험에서 나쁜 말을 들은 고구마보다 좋은 말을 들은 고구마가 더 무성하게 자랐다.
3. 축구팀은 이를 계기로 서로 칭찬을 하여 경기에서 이겼다.
4. 이처럼 긍정의 말은 사람에게 힘을 준다. 긍정의 말을 해 보자.

글의 구조에 따라 요약하기

"선생님, 저희 아이는 중학교 2학년이에요. 요즘 독해집을 푸는데 지문을 봐도 빨리 답을 못 찾더라고요. 틀리는 경우도 많고요. 글이 자꾸 길어져서 그러는 건지…. 긴 글을 빨리 잘 읽는 방법은 없을까요?"

초등 고학년부터 중고등학교 엄마들까지 아이들 독해력과 관련된 고민을 이야기하시는 분들이 많다. 엄마들이 원하는 단기간에, 빨리, 독해력이 급상승되는 방법은 없다. 글을 읽고 이해하는 능력은 거북이 걸음처럼 한 발짝, 한 발짝만 좋아질 뿐이다. 그래서 매일 가랑비에 옷 젖듯이 연습하는 게 답이고, 미리미리 준비하는 게 진리다.

그래도 일종의 스킬이라고 해야 할까, 글을 보는 지혜라고 해야 할까. 처음 보는 낯선 글을 그나마 빠르게 파악하는 방법이 하나 있기는 하다. 바로 글의 구조에 따라 글을 읽고, 요약하는 것이다. 인간의 몸에 뼈가 있듯이 글이라는 것도 전체의 뼈대가 되는 글의 구조가 있다. 뼈를 보면 인간의 팔인지, 다리인지 아는 것처럼 글도 몇 가지 구조가 정해져 있는 경우가 많다. 특히 정보를 전달하는 비문학인 경우 어쩔 수 없이 글을 쓰는 사람이 전달하고 싶은 내용에 따라 구조가 결정되기 마련이다.

생각해 보자. 내가 무언가 할 말이 있는데, 그 말을 독자들이 이해하고, 수긍하도록 쓰려면 내가 할 말을 쓰고, 왜 그게 맞는 말인지, 앞으로 어떻게 했으면 좋겠는지 써야 하지 않겠는가. 또한 우리 아이들이 일반적인 교육의 현장에서 만나는 글들도 대부분 논리성을 갖춘 글들이 많기 때문에 정해진 몇 가지 패턴을 갖기 마련이다. 대표적으로 원인과 결과의 구조, 문제와 해결방안 구조, 순서별 나열구조 등이 있다. 물론 이외에도 다양한 구조가 있겠지만, 초등학교나 중학교에서 가장 쉽게 만나게 되는 몇 가지 글의 구조를 예로 들어 활동해 보는 게 중요하다. 만약 다른 형태의 글이 나왔다고 하더라도 일단 글이라는 것이 구조가 있다는 사실을 알고 있는 아이는 자신이 훈련했던 대로 어떤 구조인지 파악하려는 시도를 할 테니 말이다.

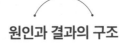

원인과 결과의 구조

먹을 것이 풍족한 요즘에도 전 세계 사람들 중 약 1억 명이 굶주림에 시달리고 있어요. 그중 하루에 약 1,800명은 먹을 것이 없어 죽어 가고 있어요. 그렇지만 하루에도 산더미처럼 쌓이는 것이 바로 우리가 먹지 않고 버리는 음식물 쓰레기랍니다.

하루에 배출되는 음식물 쓰레기의 양은 약 15,000톤이에요. 특히 급식에서 버려지는 음식물 쓰레기의 양은 매년 증가하고 있다고 해요. 더욱 충격적인 사실이 얼마 전 영국에서 조사 발표되었어요. 전 세계에서 생산되는 연간 40억 톤의 식량 중 30~50퍼센트가 먹기도 전에 버려진다는 사실이지요. 슈퍼마켓 진열대에 놓인 채소들이 쓸 만은 하지만 신선도가 떨어져 상품성이 없다는 이유로 버려지는 거예요. 또 어떤 것은 생김새가 못나서 소비자들이 찾지 않을 테니 아예 수확도 하지 않고 버려지기도 한답니다.

이렇게 음식물 쓰레기가 많아지게 되면 자연도 파괴되어요. 대개 음식물 쓰레기는 그냥 썩어 버릴 거라고 생각해요. 하지만 그건 잘못된 생각이에요. 음식물 쓰레기의 80퍼센트는 물기예요. 다른 쓰레기와 섞인 채 버려지면 물기가 다른 쓰레기까지 오염시키게 되지요. 또 쓰레기의 물기가 땅속에 스며들어 가서 지하수를 오염시키고, 땅도 오염시키거든요. 땅과 물이 오염되면 결국 우리가 먹는 물도, 그 땅에 키우는 채소도 오염되는 거지요.

결국 인간들은 먹을 수 있는 음식이 쓰레기가 되어 버려지니 식량이 부족해서 굶게 되고, 음식물 쓰레기로 오염된 물과 땅으로 인해 수확량 자체가 부족해져서 굶주리게 되지요.

- 『EBS 초등 인성학교2』 중에서 -

4장 어머니, 비문학 분석 핵심은 요약입니다

"애들아, 전체 글은 집을 짓는 것과 비슷하단다. 집을 지을 때 바닥을 깔고 기둥을 세우고, 그 위에 지붕을 올리기도 하고, 바닥을 다질 때는 큰 돌과 작은 돌을 번갈아 깔기도 하잖아? 그것처럼 전체 글이 하나의 집이라고 생각하면 집마다 각각의 구조가 있겠지? 오늘은 그런 전체 글의 구조에 대해서 생각해 볼 거야. 선생님이 보여주는 글을 한 번 읽어 보고, 어떤 내용인지 이야기해 보자."

"선생님, 다 읽었어요. 이 글에서는 지구에 굶어 죽는 사람이 많은 이유가 사람들이 음식을 버리기 때문이래요."

"음식물 쓰레기를 사람이 버려서 환경이 오염되고, 그래서 식량도 부족하고, 농작물도 부족해진다는 내용인 것 같은데요?"

"너희들이 모두 맞아. 정리하면 결국 사람들이 굶어 죽는 이유가 뭐 때문이라는 걸까?"

"사람들이 버리는 음식물 쓰레기 때문이에요."

"그래, 너희들이 잘 찾은 것처럼 음식물 쓰레기를 버린 원인이 있었기 때문에 사람들이 굶어 죽는 결과가 나왔지? 이것처럼 어떤 글은 원인과 결과에 대해서 설명하는 구조로 되어 있어. 그런데, 이 글에서도 잘 찾아 보면 음식물 쓰레기를 버렸다고 바로 사람들이 굶어 죽는 건 아니잖아? 무슨 일이든 하나의 원인이 있으면, 그 원인 때문에 어떤 결과가 나오고, 그 결과가 다시 원인이 되어 또 다른 결과가 나오는, 꼬리에 꼬리를 무는 원인과 결과가 생기지? 그러니까 지금부터 너희는 위에 있는 글에서 원인에는 밑줄을 긋고, 그것 때문에 생기는 결과에는 물결 표시를 해보자."

"그럼 선생님, 원인이 되면서 동시에 다른 일에 결과가 된 건 어떻게 표시해요?"

"그건 둘 다 표시하면 되겠지."

나는 아이들에게 원인과 결과의 구조를 가진 글을 보여 주고, 우선 원인과 결과를 색깔 펜으로 구분 짓는 연습부터 시켰다. 그렇게 하면 전체 글의 인과관계를 파악하기 쉬워진다.

"선생님, 원인과 결과를 줄 치다 보니 너무 줄이 많아요."

"줄을 치다 보면 그렇게 되지? 고민하지 말고, 반복되는 내용을 모두 삭제하고, 결국 원인과 결과가 어떻게 꼬리에 꼬리를 물고 있는지 핵심 되는 단어나 문구만 간단히 화살표로 표시해 봐. 왜 있잖아. '원숭이 엉덩이는 빨개→빨간 건 사과→사과는 맛있어'처럼 간단히 써 보는 거야."

한 아이가 색깔펜으로 밑줄과 물결을 잔뜩 쳐서 나에게 보여 주었다. 나는 아이들에게 글 속의 인과관계를 간단한 단어나 문구, 화살표를 이용해 정리해 보도록 했다. 이렇게 간단한 요약이 끝났다면, 이것을 활용해 전체 글의 요약문장이나 문단을 써 보도록 하면 된다. 이 글의 구조가 원인과 결과이니 아이도 글의 구조에 맞게 요약문을 만들면 된다.

◦ 원인 → 결과 ◦

음식물 쓰레기를 버림
⟹ 물기가 있던 음식물 쓰레기로 인해 다른 음식물 쓰레기가 감염됨
⟹ 지하수와 땅을 오염시킴
⟹ 오염된 물과 땅으로 수확량 자체 부족
⟹ 굶주리게 됨

요약글:
많은 양의 음식물 쓰레기가 급식에서 또는 상품성이 없다고 버려진다. 이렇게
버려지는 음식물 쓰레기 때문에 다른 쓰레기가 오염되거나, 지하수, 땅이 오염
되는 문제가 생긴다. 이렇게 되면 먹을 물과 곡식, 채소 등이 부족해져서 많은 사
람들이 굶주리게 된다.

이때 아이들이 어려워할 수 있는 것은 전체 글에서 원인과 결과
의 위치로 인한 혼란이다. 어떤 글은 원인이 글의 앞부분에, 결과가
뒷부분에 나오지만, 또 다른 글은 반대로 최종 결과가 맨 앞부분에
나오고 원인이 글의 뒤에 오기도 하기 때문이다. 아이들은 원인과
결과의 선후가 글 속에서 뒤바뀌어 있거나 인과관계가 여러 번 반
복되는 경우 혼란스러워할 수 있다. 하지만 이때는 전체 글의 내용
을 잘 읽으면서 원인과 결과 항목을 나누도록 한다면 어렵지 않게
구조를 파악해서 요약할 수 있다. 이참에 꼼꼼한 읽기를 함께 연습
할 수 있으니 일석이조의 효과를 가져갈 수 있는 좋은 기회이다.

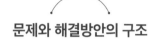

문제와 해결방안의 구조

여러분이 에브라임이라고 상상해 보세요. 학교도 다니지 못하고, 하루 종일 따가운 햇볕을 받으며 카카오밭에서 일만 한다면 어떨까요?

이렇게 일하는 아이들은 카카오 농장에만 있는 게 아니에요. 많은 나라의 아이들이 제대로 학교도 다니지 못하고 일터로 나가고 있어요. 100원 벌려고 온종일 쓰레기 줍는 일, 축구공 꿰매는 일, 신발 밑창 붙이는 일 등을 해요. 그런데 이 아이들은 아예 돈을 받지 못하거나 아주 적은 돈을 받고 일하고 있지요.

세계 여러 곳에서 아동의 노동 착취를 그만두라며 한목소리를 내고 있어요. 또한 이들을 돕기 위해 공정 무역 캠페인이 벌어지고 있지요. 공정 무역이란 생산자가 일한 것에 대해 공정하게 대가를 지불하고 거래하는 방식을 말해요.

초콜릿도 공정 무역 품목 중 하나예요. 초콜릿을 만들어서 돈을 버는 사람들이 착한 마음을 가지고 있느냐 아니냐에 따라 그 초콜릿은 착한 초콜릿이 될 수도 있고 그렇지 않은 초콜릿이 될 수도 있어요. 초콜릿을 만들어서 생긴 이익금은 초콜릿을 만드는데 노력한 모든 사람들이 공평하게 나누어 가질 수 있어야 해요. 그런 경우에는 착한 초콜릿이라고 이야기하지요.

물건을 만드는 사람들에 대해서 감사하는 마음을 가지고 소비하는 것을 착한 소비라고 해요. 초콜릿 하나를 먹더라도 생산자에게 감사할 줄 아는 착한 소비자가 될 수 있기를 바랍니다.

- 『EBS 초등 인성학교2』 중에서 -

아이들에게 글의 구조에 따라 요약하는 방법을 연습시키면서 이번에는 앞의 제시문처럼 문제와 해결방안으로 이루어진 글을 보여 주었다.

"얘들아, 지금부터 이 글에서 작가가 말하고 싶은 문제점이나 문제상황이 뭔지 찾아서 밑줄을 치고, 그 문제에 대해 해결 방법이라고 생각되는 것에는 물결 표시를 하는 거야."

문제나 해결방안 구조로 된 글은 아이들이 비교적 어렵지 않게 구조를 파악하는 글 중 하나이다. 위의 글도 아이들이 읽어 보고는 어렵지 않게 문제점을 파악했다. 다만 문제나 해결방안으로 구성되는 글의 구조가 복잡해지는 경우가 있는데, 그럴 때 구조 파악이 어려워진다.

예를 들면 어떤 글은 문제상황이나 문제점을 쓴 후에 그 문제의 원인을 제시해 준다. 문제의 해결방안은 그 이후에 쓰기 때문에 쉽게 정리하면 '문제점-문제의 원인-해결방안', 혹은 '문제의 원인-문제점-해결방안'의 3단계 형태로 된 글이 있을 수 있다. 만약 여기서 글의 구조가 좀 더 복잡해진다면, '문제점-문제의 원인-해결방안-기대되는 효과', 혹은 '문제의 원인-문제점-해결방안-기대되는 효과'의 4단계 구조의 글도 있을 것이다.

중요한 것은 글의 구성이 3단계냐 4단계냐가 아니라 아이들이 꼼꼼히 글을 읽으면서 저자가 무슨 이야기를 하고 싶은지, 어떤 문제가 왜 생겼는지, 어떻게 해결하자고 하는지, 그 해결 방법은 왜 좋은지 등을 파악하는 것이다. 다음은 아이들이 제시문을 읽고 활동한 내용이다.

"얘들아, 제시문에서 선생님이 말한 대로 문제점과 해결방안에 밑줄과 물결 표시를 했으니까 그 내용을 간단한 단어나 문구로 정리해 보자. 문제와 해결방안으로 나눠쓰는 거야."

"선생님, 그런데, 여기서는 해결방안이 여러 개인데, 여러 개를 다 써요?"

"그래, 하나의 문제에 대해서도 여러 가지 해결 방법을 생각할 수 있겠지? 그러니까 제시된 해결 방법이 여러 개라면 그걸 간단히 쓰면 돼. 대신에 비슷한 해결 방법을 표현만 다르게 해서 쓴 경우에는 그 비슷한 방법을 하나로 포함시킬 수 있는 가장 큰 방법을 쓰면 되겠지?"

"네."

"간단하게 문제와 해결방안을 정리한 친구들은 너희가 정리한 내용을 중심으로 위의 글을 요약해 보자. 전체 글을 3~5문장으로 요약해서 한 문단으로 줄이면 돼. 자기가 정리한 단어나 문구를 집어넣어서 요약문을 쓰면 되는 거야. 알겠지?"

"네. 그런데요, 여기에는 착한 초콜릿 이야기가 길게 쓰여 있는 네 여기도 자세하게 써야 해요?"

"글의 내용을 잘 보면 착한 초콜릿은 공정 무역의 품목 중 하나라고 했잖아. 또 왜 착한 초콜릿이라는 거야?"

"초콜릿을 팔아서 번 이익금을 사람들이 공평하게 나눠 가져서요."

"맞아. 그러니까 착한 초콜릿 이야기를 너무 자세히 쓸 필요는 없겠지, 공정 무역이 뭔지 설명이 나오는 부분과 겹치는 내용이잖아. 겹치는 부분은 어떻게 하라고 했지?"

"합쳐서 하나로."

"그래, 맞았어. 이제 한 문단으로 요약해 볼까?"

◦ 문제 → 해결방안 ◦

아이들이 학교에 나가지 못한다. 아동 노동 착취다.
⇒ 공정무역
⇒ 착한 초콜릿
⇒ 착한 소비를 한다.

요약글:
세계 여러 나라 아이들이 학교도 다니지 못하고, 노동 착취를 당하고 있다. 그들을 돕기 위해 착한 초콜릿 같은 공정 무역 캠페인을 한다.
공정 무역은 일한 사람들에게 이익금을 공평하게 나누어 주는 것이다. 물건을 소비할 때는 생산자에게 감사하는 마음을 가지고 착한 소비를 해야 한다.

순서별 나열구조

다양한 구조의 글이 있겠지만, 우리 아이들이 교과서나 여러 책, 신문 등에서 가장 많이 만나는 구조가 바로 이 '순서별 나열구조'다. 그만큼 일반적으로 많이 쓰이는 구조고, 다양한 변주가 가능한 구조다. 예를 들면, 시간별로 순서를 나열하는 구조가 있을 수 있다. '1930~40년대에는 인력거라는 탈 것으로 사람들이 이동을 했는데~', '1960년대에는 버스나 택시가 주된 이동 수단이 되었다면~', '2000년대 이후로는 KTX 같은 고속철도가 등장해~' 등 시간의 변화 순서로 나열될 수 있다.

또한 인물별로 나열되어 설명을 한다거나 공간의 이동이나 변화에 따라 나열하는 경우도 있다. 논리적인 글에서도 자신의 주장에 따른 근거를 나열해서 첫째, 둘째, 셋째로 쓴다거나 어떤 사람이 한 일을 나열해서 소개할 수도 있다.

"얘들아, 오늘 우리가 요약할 글의 구조는 순서별로 나열된 글이야."

"선생님, 나열이 뭐예요?"

"나열이라는 건 죽 늘어놓는다는 거야. 민영아. 왜 집에 있는 장한 발도 떼기 힘든 상황에서 눈밭에 쓰러진 사람을 업고 가라고 하면 그렇게 하기가 쉽지 않을 거예요. 누구나 남보다 나의 안전을 먼저 생각하기 때문이지요. 기독교 선교사였던 인도인 썬다 싱은 선교를 위해 티베트로 가려고 히말라야 산맥을 넘어가던 중 눈길에 쓰러진 사람을 발견했어요. 다른 사람들이 모두 힘들다며 썬다 싱을 말렸지만, 그는 듣지 않았어요. 썬다 싱은 죽어 가는 사람을 업고 산맥을 넘었답니다. 자신보다 먼저 히말라야를 넘어가던 사람들이 눈밭에서 얼어 죽을 때 썬다 싱은 등에 업은 사람 덕분에 몸에서 열이 나 살 수 있었어요. 위급한 상황에서도 자기보다는 다른 사람의 생명을 더 소중하게 여긴 썬다 싱은 삶의 태도가 아름다운 사람이었지요.

이렇게 세상에는 자기의 이익을 생각하지 않고 어려운 이들을 돕는 단체나 사람들이 있어요. 그중 하나가 '국경없는의사회'라는 국제 단체예요. 이 단체는 세계 여러 국가의 의사들이 모여 분쟁, 질병, 영양실조, 자연재해에 고통받고 있는 세계 각국의 사람들을 찾아다니며 무료로 치료하고 있어요.

우리나라의 이태석 신부도 그중 한 사람이에요. 이태석 신부는 아프리카 수단 톤즈에 병실 12개짜리 병원을 짓고 하루에 200~300명의 주민들을 치료했어요. 뿐만 아니라 학교와 기숙사를 세워 가난한 어린이들이 자립하도록 도와주었지요. 그런데 이태석 신부는 그들 때문에 고생한 것이 아니라 행복한 삶을 살아갈 수 있었다고 말했어요.

남을 돕는다고 해서 자신은 희생되기만 하는 것은 아니에요. 결국에는 다른 사람을 돕는 것이 나를 돕는 것이지요.

여러분, 주위에서 여러분의 도움을 필요로 하는 일이 생긴다면 언제든 주저하지 말고 달려가서 도와주세요. 그것이 바로 이 세상을 더욱더 아름답게 만들 거예요.

- 『EBS 초등 인성학교2』 중에서 -

난감을 누구에게 보여주려면 뭐가 있는지 꺼내서 방바닥에 늘어놓
잖아. 그것처럼 글을 쓸 때 자기가 하고 싶은 말을 순서대로 늘어
놓았다고 생각하면 돼."

"아, 그럼 줄 세워 놓은 거나 마찬가지네요?"

"와, 맞았어. 민영이 이해력 짱인데! 앞에 너희들이 읽은 글 내
용을 잘 살펴 봐. 이 글을 왜 순서별로 나열된 글이라고 할까?"

"썬다 싱 이야기도 나오고, 국경없는의사회 이야기도 하고, 이
태석 신부 이야기도 나와서 그런가요?"

"맞아. 세 이야기가 하나씩 차례대로 소개되고 있잖아. 그래서
순서별로 나열한 글이라고 하는 거야."

"그런데요, 선생님. 혹시 첫째, 둘째, 셋째 이렇게 쓰여있으면
다 순서별 나열이라고 생각해도 되어요?"

"그렇지. 혹은 '우선, 다음으로, 마지막으로'처럼 일정한 순서를
보여주는 글도 포함되고."

"세상 모든 글이 그렇게 구분하기 쉽게 쓰여있으면 좋겠다."

"너희가 주장하는 글을 쓸 때나 토론할 때 번호 매기는 방식을
쓴다면 읽기 쉽고 뜻도 명확히 전달되는 좋은 글이 되겠지? 늘 역
지사지로 생각해야 해."

"왜 갑자기 고사성어에 글쓰기까지 말씀하세요. 무섭게."

"무섭긴. 그럼 다시 요약으로 돌아와서, 너희들이 볼 때는 이 세

가지 이야기를 작가가 왜 쓴 것 같아?"

"다른 사람을 도와야 한다고요."

"남을 돕는 게 나를 돕는 거라고요, 도와주면 세상이 아름다워
진다고 말하는 것 같아요."

"그래, 잘 찾았구나. 그러면 이제 작가가 하고 싶은 말이랑 세
이야기를 간단한 단어나 문구로 정리해 볼까?"

∘ 순서별 나열 구조 ∘

1. 썬다 싱의 구조
2. 국경 없는 의사회의 무료 치료
3. 이태석 신부의 수단 톤즈 병원 봉사

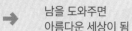

남을 도와주면
아름다운 세상이 됨

아이들은 위와 같이 세 이야기를 간단한 문구로 정리했다. 이제
아이들이 1차로 정리한 단어나 문구를 중심으로 전체 글의 내용을
요약하도록 하면 된다. 이런 순서별 나열구조로 글을 쓸 때는 왜
이 글을 쓰는지 글을 쓰는 이유를 찾는 게 중요하다. 그게 바로 글
의 주제이자, 저자가 하고 싶은 이야기이기 때문이다.

글의 주제 혹은 글을 쓰는 이유나 목적은 종합해서 요약 문단
의 앞부분에 쓰거나 문단 마지막 부분에 쓰게 한다. 앞서 문학 편
에서도 말했듯 글의 내용 순서대로 요약문을 쓸 필요가 없다는 의

미다. 얼마든지 재구성이 가능하기 때문에 요약 문단의 흐름에 따라 앞이나 뒤 어디든 올 수 있다. 아이들은 글을 요약할 때 반드시 글의 처음부터 끝까지 순서대로 요약해야 한다고 생각하기 쉬운데, 그런 편견을 깨주는 노력이 필요하다. 앞의 제시문을 요약한 민영이와 준혁이의 글은 다음과 같다.

∘ 순서별 나열 구조 요약 활동 사례 ∘

민영이:
썬다 싱은 자신도 힘든데 히말라야에서 죽어가는 사람을 구해주었다. 또한 국경없는의사회는 자기의 이익이 없어도 고통받는 사람들을 구해주는 단체이다. 우리나라의 이태석 신부도 수단 톤즈에서 가난한 사람들을 치료해 주는 봉사 활동을 했다. 이처럼 다른 사람을 도와주면 이 세상이 더 아름다워진다.

준혁이:
힘든 사람들을 돕는 일은 세상을 더 아름답게 만들고, 자기에게도 도움이 된다. 선교사였던 썬다 싱은 히말라야에서 죽어가는 사람을 살려준 덕분에 자신도 살 수 있었다. 또 고통받는 사람들을 무료로 치료해 주는 국경없는의사회나 이태석 신부도 가난한 사람들을 도왔지만, 그 일을 하면서 자신들도 행복한 삶을 살 수 있었다.

중요도 평가하기

"아휴~."

내 입에서 그저 한숨만 나왔다. 6학년 아이들에게 짧은 제시문을 주고 중요한 내용을 중심으로 요약하라고 했더니 한 학생이 글속에 가장 중요한 내용은 저기 안드로메다로 보내 버리고, 별로 중요하지도 않은 내용과 글 속에 누군가가 말한 문장 등을 섞어 핵심이 빠진 글을 나에게 가져왔다. 그 요약문을 보는 순간 '아, 이 친구는 글에서 뭐가 중요한지 가려서 보는 훈련이 덜 되었구나!' 하는 생각이 들었다.

5~6학년 아이들은 초등학교 고학년이라 중학교에 들어갈 준비가 필요하다. 어떤 글을 넓게 보고 확산적인 사고를 하는 것도 필

요하지만, 제한된 제시문을 읽으며 문장별로 잘 따져 정확하게 보는 수렴적 사고를 연습할 필요가 있다. 학습을 위해 글을 더 집중해서 읽어야 하고, 중요도를 따지며 볼 수 있어야 한다는 의미다.

사실 짧은 글을 따져 가며 읽는 활동이 쉽지는 않다. 보통 아이들이 이런 읽기 활동을 싫어하는 이유는 단어 하나하나를 눈여겨봐야 해서 많은 집중력이 필요하고, 계속 생각을 하며 중요도를 따지고 글을 읽어야 해서 골치가 아프기 때문이다. 하지만, 이런 꼼꼼히 읽는 습관과 중요도를 판단할 수 있는 비판적 사고력을 기른다면 상급학교에서 보는 웬만한 시험들은 그리 어렵지 않게 된다.

이제 6학년이니 이런 학습 활동에 더 신경을 써 주어야겠다는 생각에 아이들에게 먼저 문단별 중요도를 가려 요약하는 활동을 제안했다.

"얘들아, 지금부터 선생님이랑 요약 능력을 키우기 위한 문단별 활동을 할 거야. 선생님이 보여주는 아랫글을 읽어 보고, A~E 문단 중에서 필요 없는 부분을 골라서 삭제시켜 보자."

"선생님, [E]문단이요. [E]문단이 다른 내용이에요."

"선생님, 틀린 게 2개여도 되는 거예요?"

"그럼. 빼야 하는 문단이 두 개일 수도 있어."

"그럼 저는 [C]와 [E]를 뺄래요. 이거 두 개가 이상해요."

[A] 실수로 탄생한 발명품들에는 한 가지 공통점이 있어요. 그것을 발명한 사람들은 '아무짝에도 쓸모없는 것'이라고 생각하는 사람들과는 달리, 실수로 생겨난 현상이나 물건 자체에 호기심과 흥미를 느꼈어요. 그리고 그 현상에 대해 열심히 연구했지요.

[B] 버려진 물건이나 현상도 그냥 지나치지 않고 다시 한번 바라보며, 쓰임새를 찾은 거예요. 한마디로 같은 물건이라도 다른 방향에서 새롭게 바라본 거지요. 이런 것을 생각의 전환, 또는 발상의 전환이라고 해요.

[C] 지금 가장 필요한 건 바로 나를 사랑하는 마음이에요. 누구나 잘하는 일이 있고, 못하는 일이 있기 마련이에요. 스스로 사랑하면 잘못하는 부분은 용서하고 격려하게 되며, 잘하는 부분은 자랑스러워질 거예요.

[D] 생각을 다르게 한다면 버려졌거나 쓸모없던 물건이 가치를 갖게 되는 것처럼, 사람의 삶도 바뀔 수 있어요. 만약 자신의 실수 때문에 부끄러워하고 좌절만 한다면 아무런 발전도 할 수 없을 거예요. 반면 실수를 바탕으로 새로운 가능성을 찾아낸다면 결과는 전혀 달라질 거예요.

[E] 자존감은 타인에 대한 사랑의 힘도 길러 줘요. 스스로 소중히 여기며 사랑할 줄 아는 사람이라면, 이웃과 생명에 대한 소중함 또한 잘 알 수 있을 거예요.

여러분은 답이 눈에 보이는가? 전체 글에서 삭제해야 하는 문단은 [C]와 [E]이다. 위 제시문에 [A], [B], [D] 글은 실수를 딛고 이겨내는 생각의 전환을 담고 있는데, [C]와 [E] 문단의 내용은 나를 사랑하는 자존감에 대한 것이다. 이렇게 두 가지 혹은 세 가지 내용의 문단을 서로 섞어놓고 아이들에게 전체 글의 내용과 맞지 않는 문단을 골라내게 하는 것이 문단별 중요도를 평가하는 첫 번째 단계이다. 이렇게 불필요한 문단을 삭제시켰다면, 이제 두 번째 단계로 남은 세 개 문단의 중요도를 평가해야 한다.

"얘들아, 그럼 이제 남은 게 어떤 문단들이지?"

"[A]하고, [B], [D]요."

"맞아, 이 세 문단들을 다시 한번 차근히 읽어 보고, 글을 쓴 사람의 의도나 목적을 생각해서 어떤 문단이 얼마나 중요한 문단인지 별점을 줘 보자. 만점은 별 5개야."

"저는 [A]가 별 2개, [B]가 별 3.5개, [D]가 5개요."

"전 윤슬이랑 달라요. 저는 [A]가 별 2개이고, [B]가 4개, [D]가 3개요."

"글을 쓴 사람은 무슨 이야기를 하고 싶어서 이 글을 쓴 걸까? 왜 쓴 걸까? 그걸 생각하면서 자기 별점이 맞는지 다시 한번 생각해 보자."

문단을 평가하는 활동에서 아이들이 중요하다고 평가한 문단이 처음에는 조금씩 달랐다. 하지만, 저자가 무슨 이야기를 하고 싶었을지 다시 한번 생각하도록 했더니 전체적으로 높은 별점을 받은 문단은 [D]-[B]-[A] 순이었다. 가장 높은 별점을 받은 [D]문단의 내용을 중심으로 [B]와 [A]문단의 내용 중 핵심 단어나 어구를 넣어 요약 문단을 쓰게 했다.

실수로 발명한 물건도 새롭게 바라보면 쓰임새가 있는 것처럼 생각을 다르게 하면 사람의 삶도 바꿀 수 있다. 실수 때문에 좌절하지 말고, 그것을 바탕으로 새로운 가능성을 찾는다면 삶이 발전하게 될 것이다.

여기까지 왔는데도, 전체 글을 요약하기 어려워하는 아이가 있다면 그 경우에는 전체 글을 요약하기 위한 기초체력을 먼저 키우는 것도 좋은 방법이다. 기초체력을 기르는 방법은 위에 문단의 중요도를 평가했던 활동을 응용하면 된다. 문단별로 요약하되, 문장별로 중요도를 평가해 보고, 그것을 중심으로 각 문단의 요약문을 쓰는 것이다.

우선 문단 속에 있는 세부 문장들의 일련번호를 매긴다. 그 후에 세분화된 문장들의 중요도를 스스로 평가해서 순서를 정하고, 가장 중요도가 높은 문장을 중심으로 문단의 요약문장을 만들면 된다. 이때 중요한 것은 중요도가 가장 높은 중심 문장을 그대로 요약문에 옮겨 쓰지 않는 것이다. 또한 불필요한 문장은 과감히 삭제해 버린다. 그 후에 다른 세부 문장들 속에 담긴 중요 정보들의 단어나 어구를 골라 요약문에 포함시키도록 해야 한다.

[D] ① 생각을 다르게 한다면 쓸모없던 물건이 가치를 갖게 되는 것처럼, 사람의 삶도 바뀔 수 있어요. ② 만약 자신의 실수 때문에 끄러워하고 좌절만 한다면 아무런 발전을 할 수 없을 거예요.
③ 반면 실수를 바탕으로 새로운 가능성을 찾아낸다면 결과는 전혀 달라질 거예요.

"얘들아, [D]문단에 있는 문장 수가 몇 개지?"

"3개요."

"맞아, 3개야. 그럼 각 문장 중에서는 어떤 문장이 가장 중요할까? 문장들을 보면서 중요한 순서대로 번호를 나열해 보자."

"저는 ①번, ③번, ②번 순서요."

"저도요, 저도 윤슬이랑 똑같은 순서로 중요한 것 같아요."

아이들이 중요하다고 생각하는 문장의 순서가 얼추 정리가 되었다. ①-③-②번 문장 순이었다. 중요도가 높은 ①번 문장을 중심으로 해서 ②, ③번 문장의 일부 내용을 넣어 요약문을 쓰면 된다.

◦문장 중요도에 따라 요약한 사례◦

생각을 바꾼다면 부끄러운 실수도 새로운 가능성이 될 수 있고, 삶도 바뀔 수 있다.

6학년 태준이는 이 중요도 가리기 활동을 지속적으로 하며 요약하는 시간이 빨라졌다. 그전에는 요약 활동 시간에 제시문을 뚫어지게 쳐다보면서 한참 앉아 있고는 했는데 말이다. 또한 요약문의 내용도 좋아졌다. 주변 내용만 써서 알맹이가 빠진 듯한 요약문이 아니라 작가가 말한 정확한 내용을 중심으로 곧잘 요약하게 되었다. 이제는 중학생들이 읽는 긴 글에 도전하고 있다. 한 문단의 문장 수가 많은 긴 글을 가지고 연습을 시켰더니 처음에는 어렵다고 난리였지만, 또 어느새 긴 문단에 적응을 해서 즐겁게 문단별 요약과 전체 글 요약을 하고 있다.

기사문 쓰기로
키우는 요약력

　나는 아이들이 다양한 갈래의 글을 쓸 수 있어야 한다고 생각한다. 그래서 비교적 여러 종류의 글쓰기를 아이들에게 연습시키는 편이다. 비문학적인 여러 갈래의 글이 있지만, 그중 사적인 일상의 사건이나 사회적으로 일어난 사건을 모두 다룰 수 있는 것은 기사문 쓰기이다. 또한 아이들이 고학년이 되면, 동아리 활동이나 어린이 신문기자단 등의 활동도 많이 하기 때문에 기사문을 써야 할 일이 종종 생기고는 한다. 기사문은 글을 읽는 독자들이 존재하기 때문에 아이들의 입장에서도 다른 사람에게 자신의 글을 논리적으로 전달하는 공적인 글쓰기가 된다.

　아이들과 기사문 쓰기 활동을 할 때는 크게 두 가지를 먼저 해결하자. 첫 번째는 기사문의 글감을 고르는 문제이고, 두 번째는 기사문의 형식을 익히는 것이다. 기사문의 글감을 고를 때는 자신이 잘 아는 사건을 그 대상으로 하는 것이 좋다. 기사문은 말 그대로 나에게 혹은 사회에서 일어나는 사건, 사고를 신문 기사 형태로 전달해야 하는데, 만약 자신이 잘 모르는 일이라면 기사를 쓰기가 어려울 수밖에 없다. 따라서 자료를 조사하든 책을 충분히 숙지하든 자신이 쓰려고 하는 기사와 관련해서 정확하고 많은 정보를 알아 둘 필요가 있다.

기사문의 형식을 익히는 문제에 대해서는 아이들에게 아래에 있는 기사문의 기본 형태를 알려주고, 반드시 익힐 수 있게 도와야 한다.

● 기사문의 기본 형태

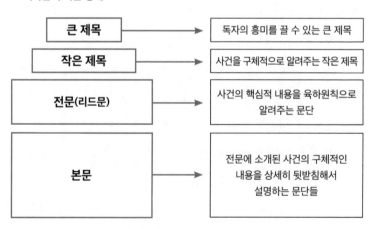

아이들이 기사문을 쓸 때는 다양한 형태의 요약하기 능력이 필수적이다. 우리가 보통 '요약 능력'이 있다고 생각하는 사람들을 가만히 살펴보면 다양한 상황에 따라 적정한 양의 내용을 넣는 능력을 갖추고 있다. 즉, 사건이든 정보든 요약할 전체 글을 필요에 따라 한 바닥으로 또는 한 문단으로, 그것도 더 압축해 한 문장이나 심지어 간단한 어구로도 줄일 수 있어야 한다는 의미이다. 그런 면에서 본다면 기사문은 다양한 길이로 정보를 요약할 수 있는 능력을 키우는 글쓰기라고 할 수 있다.

우선 큰 제목이야 기사의 내용과 관련해 흥미를 끌 수 있는 내용으로 간략히 만드는 것이니 굳이 요약이라고 보지 않을 수 있다. 하지만 작은 제목부터는 그렇지 않다. 작은 제목은 전체적인 사건을 구체적으로 알려 주는 문구이기 때문에 전체 내용을 간단한 한 문장으로 요약해 넣어야 한다. 하나의 사건을 자신의 말로 간단히 소개하는 활동을 해본다면 기사문을 쓸 때 도움이 될 것이다.

전문은 전체 사건의 핵심 내용을 육하원칙으로 요약해 한 문단으로 쓰면 된다. 그러려면 평소에 어떤 사건이나 정보에 대해 '누가, 언제, 어디서, 무엇을, 어떻게, 왜' 한 것인지 정리해서 쓰는 연습을 하는 게 도움이 된다. 다음과 같이 한편의 글을 아이들에게 주고, 육하원칙을 찾아서 쓰는 활동을 해 보자.

지난 4월 17일, 호수초등학교 5교시 수학 시간에 황제훈 군이 쓰러져, 순식간에 교실이 아수라장이 되었다. 황제훈 군은 몸에 붉은 반점이 생기고, 의식이 돌아오지 않아 큰 병원에 입원해 있다.

그런데 다음 날, 또 놀라운 일이 벌어졌다. 황제훈 군 다음으로 이세나 양이 교실에서 쓰러져 입원을 한 것이다. 한 아이의 말로는 이세나 양이 쓰러질 때 팔에서 붉은 반점을 보았다고 한다.

현재 같은 A반 학생들의 학부모들이 원인을 알 수 없어 긴장하고 있는 상태이다. 몇몇은 호수초등학교에서 제공하는 급식이 잘못되었다고 추리하며 공포에 떨고 있다. 그 당일날 소문은 바로 학교에 있는 학생들에게 퍼졌다고 알려진다.

- 6학년 김로아 기자 -

○육하원칙 활동 사례○

누가: 황제훈 군과 이세나 양
언제: 4월 17일 5교시 수학 시간과 4월 18일
어디서: 학교 교실
무엇을: 입원을 했다.
어떻게: 갑자기 쓰러져
왜: 이유를 알 수 없다.

기사문의 전문이 한두 문장으로 전체 사건이나 정보를 요약해야 한다면, 본문은 그보다는 길게 내용을 요약한다. 보통 기사문의 본문은 2~4문단으로 쓰는 경우가 많은데, 요약된 전문 문단의 사건을 독자들이 좀 더 구체적으로 이해할 수 있도록 자세히 풀어서 쓰면 된다. 이때는 어떤 사건이나 정보를 논리적이고, 객관적으로 설명하되 구구절절한 문장보다는 간략한 어조로 요약하여 독자들에게 정리된 내용을 전달해야 한다. 아래 두 개의 기사문을 비교해 보자. 둘 중 어떤 기사문이 좀 더 잘 정리된 기사문이라고 할 수 있을까?

◦기사문 비교하기◦

[가] 모차르트의 오페라 〈마술피리〉 공연이 인기를 끌고 있다. 배우들의 춤과 노래로 이루어지는 오페라를 많은 사람들이 즐겁게 보고 있다.

〈마술피리〉의 내용은 타미나 왕자와 파미나 공주의 사랑 이야기이다. 결혼을 하려면 시험을 통과해야 하는 두 사람은 서로 힘을 합쳐 어려움을 극복했다. 결국 마지막에는 밤의 여왕을 물리치고 사랑을 완성한다. 두 사람의 사랑 이야기가 너무나 감동적이다.

오페라를 공연하는 극장을 찾아가 〈마술피리〉를 관람하러 온 학생들을 만났다. 길지 않은 만남이었는데, 어떤 학생들은 오페라를 재미있게 감상하기 위해 〈마술피리〉 책을 미리 읽고 왔다고 했다. 정말 대단한 아이들이었다. 특히 A초등학교 3학년인 이민영 학생은 배우들의 연기를 너무 즐겁게 보았고, 특히 파파게노가 글렌슈펜을 울려 사람들을 춤추게 하는 장면이 재미있었다고 즐겁게 말했다. 이민영 학생의 생각이 나와 같아서 서로 공감을 할 수 있었다. 여러분들도 〈마술피리〉를 꼭 보기 바란다.

[나] 모차르트의 오페라 〈마술피리〉 공연이 지난 3월 3일 세종문화회관에서 시작되었다. 약 한 달간 공연될 〈마술피리〉는 배우들의 멋진 춤과 노래로 벌써부터 인기를 끌고 있다. 밤의 여왕을 물리치고 타미나 왕자와 파미나 공주의 사랑을 완성하게 된다는 〈마술피리〉의 내용은 아름다운 사랑 이야기

로 관객들에게 감동을 주고 있다. 일부 관객들은 오페라를 잘 이해하기 위해 미리 <마술피리> 책을 읽고 오는 열성을 보이기도 했다. A초등학교 3학년인 이민영 학생은 파파게노가 글렌슈펜을 울려 사람들을 춤추게 하는 장면이 기억에 남는다며 <마술피리> 공연을 적극 추천했다.

윗글은 모두 같은 수업에서 학생들이 쓴 기사문이다. [가] 기사문이 기자의 주관적인 생각과 느낌으로 사건을 구구절절 설명했다면 [나] 기사문은 객관적인 어조로 간략하게 사건을 요약해서 전달하고 있다. 이처럼 기사문 쓰기에서는 요약 능력에 따라 글이 전혀 다르게 느껴진다. 그러니 전체 글을 요약할 때 길게, 혹은 짧게, 때로는 더 간단한 핵심 문구로도 써 보는 다양한 글쓰기 활동을 아이들과 시도해보자.

논설문 쓰기로
키우는 요약력

초등학생부터 대학생까지 모든 학령기 아이들이 가장 많이 쓰거나 읽게 되는 갈래의 글이 무엇일까? 비문학적인 글 중에는 아마도 주장하는 글, 즉 논설문이라고 답할 사람이 많을 것이다. 우선 초등학생이나 중학생이라면 학교에서 교과서나 수행평가, 글쓰기 대회 등으로 접하게 된다. 고등학생에게는 교과서나 수행평가, 글쓰기 대회는 물론이고 대학입시를 위한 논술시험 때문에 중요하다.

이런 주장하는 글쓰기에서도 과연 글을 요약하는 능력이 필요할까? 얼핏 생각할 때는 아닐 것도 같다. '자신의 주장이나 의견을 논리적으로 쓰면 되는 게 주장글인데, 거기에 왜 요약하기가 필요하지?' 싶은 생각이 들 수 있다. 하지만 주장하는 글쓰기에서도 요약은 빼 놓을 수 없이 중요한 능력이다.

주장글이 아주 간단히 생각하면 어떤 문제상황에 대한 자신의 의견과 입장을 논리적으로 쓰면 될 것 같지만, 현실에서는 보통 자기 생각의 근거를 좀 더 논리적으로 입증하기 위해 각종 자료를 참고해서 쓰게 된다. 예를 들면 자기 생각을 뒷받침할 수 있는 설문 조사 결과나 각종 실험 결과, 책의 일부 내용이나 해당 분야의 권위 있는 사람이 한 말 등을 인용하는 경우이다. 아무래도 자신의 생각만을 나열했을 때보다는 관련 근거자료를 활용해 쓰면 훨씬 설득력이 높아지기 때문이다.

이 경우 문해력이 부족한 학생들은 각종 근거자료를 자신의 말로 요약해서 쓰지 못하고 자료 내용 그대로를 베껴 쓰는 경우가 있다. 독서와 글쓰기 교육 현장에서 보면 사실 자기 말로 근거자료를 요약해 쓰는 학생들보다 일부 내용을 발췌해서 혹은 자신이 찾은 자료 그대로를 베껴 쓰는 친구가 더 많다.

이때 자료를 요약하지 못해 베끼는 아이도 문제지만, 그 아이가 쓴 주장글을 읽는 아이에게도 문제가 생길 수 있다. 문해력이 부족한 독자들은 자세한 근거자료 내용이 들어간 글을 읽으면서 이것을 주장글로 받아들이지 않고, 설명문처럼 받아들이는 경우가 의외로 많다. 그렇게 되면 글을 쓴 사람의 지극히 주관적인 의견이 아니라 어떤 사안에 대한 정답이나 올바른 설명이라고 생각하게 된다. 즉, 글을 무비판적으로 수용하는 바람에 잘못된 사고가 형성될 가능성이 있다.

"설마! 누가 주장하는 글을 읽고, 그걸 설명문으로 받아들여서 그게 '금과옥조' 같은 진실이라고 생각하겠어?"

아니다. 그런 아이들이 주변에 정말 많다. 내 아이가 그러지 않는다는 보장이 없다. 요즘 아이들의 문해력 저하를 만만하게 봐서는 안 된다.

그래서 논설문을 쓸 때, 특히 근거자료를 자신의 주장에 뒷받침 문장으로 쓸 때는 반드시 자료를 이해한 뒤에 내 말로 내용을 요약해서 써야 한다. 아래 논설문의 근거 문단을 읽고, 두 개의 글을 비교해보자. 어떤 차이점이 있을까?

◦ 주제: 초등학생이 주식투자를 해도 된다 ◦

[가] 두 번째 이유는 초등학생이 주식투자를 하면 어릴 때부터 금융시장을 잘 이해하는 데 도움이 되기 때문이다. 캐나다나 영국, 덴마크 등은 어릴 때부터 학교에서 금융교육을 의무적으로 시키고 있지만 우리나라에서는 학교에서 금융에 관한 교육을 하지 않고 있다. 학교에서 별도로 금융에 대한 교육을 하지 않기 때문에 학생들은 금융에 대해서는 문맹이라고 불려야 한다. 우리의 현실이 이렇기 때문에 초등학생들이 주식투자를 하는 것은 금융교육에 큰 도움이 된다. 주식투자를 하면서 금융시장이 어떻게 돌아가는지 이해도를 높일 수 있다. 어릴 때 주식투자를 한 경험이 나중에 성인이 되어

서도 금융시장의 흐름을 이해하거나 국가의 경제정책이 어떻게 돌아가는 지 아는 데 큰 도움이 된다.

[나] 두 번째 이유는 초등학생이 주식투자를 하면 어릴 때부터 금융시장을 잘 이해 하는 데 도움이 되기 때문이다. 우리나라는 캐나다나 영국과 달리 금융교육을 별도로 시키지 않는다. 이 때문에 우리나라 학생들은 금융에 대해 전혀 모르 는 것이 문제라고 생각한다. 따라서 초등학생 시절부터 주식투자라는 경험 를 통해 금융시장이 어떻게 돌아가는지 이해해 보자. 이런 경험은 성인이 되 어서도 금융시장이나 경제정책을 이해하는 데 틀림없이 도움이 될 것이다.

두 개의 근거 문단을 비교해보면 아주 간단히는 [가]문단이 길 고, [나]문단이 짧다는 분량의 차이가 있겠지만, 내용을 천천히 읽 어 보면 그것보다 더 큰 차이가 보일 것이다. [가]문단은 어딘가 설 명문 같은 느낌이 든다. 맨 첫 문장의 '두 번째 이유는~'을 뺀다면 누군가를 설득하기 위한 글이라기보다는 사실을 나열했다는 생각 이 든다. 참고자료의 내용을 그대로 베꼈기 때문이다. 자신의 생각 과 의견이 빠진, 말 그대로 사실을 알려주는 글은 논설문이라는 갈 래에도 맞지 않고, 글을 읽는 여러 독자들에게도 마치 올바른 정보 를 알려주는 것 같은 착각을 일으킨다.

반면 [나]문단은 참고자료를 자신의 의견에 맞게 소화해 자기 생각을 넣었기 때문에 글을 쓴 사람이 주장하고 싶은 말이 무엇인 지 알 수 있다. 이 글을 설명문이나 사실을 알려주는 글이라고 오해할 독자도 많지 않을 것이다. 논설문에서의 요약이 중요한 이유는 또 있다. 위의 [가], [나]와 같은 주제와 자료를 활용해 쓴 아래의 근거 문단을 읽어 보자.

◦ 주제: 초등학생이 주식투자를 해도 된다 ◦

[다] 두 번째, 초등학생이 주식투자를 하면 금융시장을 이해할 수 있다. 어릴 때부터 금융교육을 받지 않은 우리나라 어린이들은 영국이나 캐나다의 아이들과 다르다. 초등학교 때부터 외국의 아이들과 같은 교육을 받아야 한다. 그러면 금융에 대해서 잘 알게 되어 외국 아이들처럼 금융시장을 잘 알게 될 것이다. 어릴 때부터 주식투자를 해서 경제정책을 잘 이해하는 어린이가 되자.

논설문을 쓸 때 자신의 의견을 논리적으로 일목요연하게 요약하지 못하면 [다]문단처럼 대체 하고 싶은 말이 무엇인지, 어떤 이유로 그것을 주장한다는 것인지 읽는 사람이 이해하기 어려워진다. 한마디로 너무 장황해서, "대체 뭔 소리야. 그래서 하고 싶은 말이 뭔데? 초등학생이 주식투자를 해야 한다는 거야? 아니면 경제정책을 잘 알아야 한다는 거야?"라는 말이 절로 나온다. 따라서 자신의 의견을 간결하고, 명확하게 글 속에 담아 상대방에게 전달하기 위해서는 자기가 가진 고유의 생각이라고 하더라도 중요한 내용을 간결하고 명확하게 읽히도록 요약해서 쓰는 능력이 필수적이다.

비문학 독해 지문을 깔끔하게 정리하는 요약 기술

나는 대체로 궁금한 것이 많은 사람이다. 그래서 스스로에게 질문을 자주 하는 편인데, 아이들과 읽고, 쓰는 독서 활동가의 삶을 살기 시작했을 무렵부터 가졌던 질문이 있었다. '과연 우리나라 초중고 교육제도에서 아이들이 배우고 익혀야 하는 끝이 있다면 어떤 내용일까?' 하는 말도 안 되는 질문이었다. 그때는 내가 새내기 선생님이라 아이들이 학교에서 어떤 것을 배우는지도 잘 몰랐고, 교육이라는 게 끝이 있겠냐마는 아이들에게 내가 최종적으로 가르쳐야 하는 것은 무엇인지 알고 싶었다.

이제 좀 멀리 볼 수 있는 연차가 되자, 현실적으로 우리나라의 교육제도하에서는 결국 대입 시험인 수학능력시험과 대학별 논술

시험이 읽고 쓰기 교육의 꽃이라는 생각이 든다. 아주 어릴 때부터 씨앗을 품고 자라다가, 사회로 나가 열매를 맺기 위해 가장 자기의 능력과 아름다움을 어필해야 하는 시기 말이다. 그래야 조금이라도 더 좋은 조건의 대학에서 사회생활을 준비할 수 있기 때문이다.

그런데, 대입 수능시험이라고 하면 뭔가 거창한 느낌이 든다. 수능시험 시간에는 비행기 이착륙도 제한하는 대한민국에서 그만큼 아이들에게 요구하는 수준이 높아야 하지 않겠는가? 물론 수능 국어 시험지를 풀어 보신 분들은 아시겠지만 절대 쉽지 않다. 배경지식이 많아야 하고, 글의 수준 자체도 변별력을 위해 만만하지 않게 구성되어 있다. 하지만, 또 풀지 못할 정도는 아니다. 왜냐하면 그 문제를 풀기 위해 필요한 능력이 기본적인 것들이기 때문이다.

수능시험은 말 그대로 대학에서 학문을 수학하기 위한 능력을 측정하는 시험이라 비문학 문제인 경우 제시된 글을 정확히 읽을 수 있는지, 중요한 내용을 파악하여 핵심 내용을 간추리고, 요약할 수 있는지, 그 요약 능력을 바탕으로 합리적이고 논리적인 추론을 할 수 있는지, 복수의 제시문을 연결해 종합적으로 사고할 수 있는지 등을 묻는다. 겉모습은 어려워 보이지만 기본에 충실한 사고력을 키우면 의외로 쉽게 풀 수도 있는 시험인 셈이다.

비문학 문제들을 살펴보면 제시문 하나에 몇 개의 문제들이 딸

려오는데, 딸려 나오는 것들의 가장 첫 번째 문제는 보통 제시문의 중요 내용을 요약한 답지가 맞는지 확인하는 요약 문제가 나온다. 즉 제시문을 얼마나 빠른 시간 내에 정확하게 읽었는지, 중요한 내용을 간략히 파악했는지 묻는 문제이다. 아래 제시문은 도서 『이야기하기 위해 살다』를 읽고 쓴 서평 중 일부이다.

[가] '노인이 한 명 죽을 때마다, 책 한 권씩 사라진다.'는 말이 있다. 한 사람의 역사는 개인의 것이지만 동시에 그 땅의 역사이다. 우리나라처럼 잦은 전쟁과 식민지의 아픔, 민주화라는 우여곡절 많은 나라에서는 이야기가 넘쳐나게 마련이다. 이것이 우리만의 특성은 아닌가 보다. 마르케스의 자서전 『이야기하기 위해 살다』 속에는 작가로 치열하게 살아온 그의 개인적 역사와 더불어 콜롬비아의 혼란하고 극적인 역사가 고스란히 담겨 있다. 가브리엘 가르시아 마르케스는 소설 『백년의 고독』으로 노벨문학상을 탄 작가이다. 그의 마술적 환상과 현실을 넘나드는 작품은 '마술적 리얼리즘'으로 불린다. 마르케스의 책 『이야기하기 위해 살다』는 그의 어린 시절 성장부터 20대 후반까지의 이야기를 담고 있다. 작가는 책의 서두를 '어머니가 집을 팔러 가는 데 함께 가자고 했다.'로 열고 있다. 고향 아라카타카로의 여행이 자기 작품세계의 뿌리를 찾는 여정이었음을 암시한다.

단 이틀 동안의 단출한 여행이 내게 결정적인 사건이 될 것이라는 생각은
어머니는 말할 것도 없고 나도 할 수 없는 일이었다. 내가 제아무리 오랫동
안 부지런히 산다고 해도 그 얘기를 다 끝마치지는 못할 것 같다. 현재 정
확히 일흔 다섯 살이 넘은 내가 작가로 살아오는 동안, 아니 내 평생 내가
내렸던 모든 결정들 가운데 어머니를 따라나서기로 한 그것이 내 인생에
서 가장 중요한 결정이었다는 사실을 나는 알고 있다.(p.12)

마르케스는 외가에서 현실적 면모를 지닌 외할아버지 마르케스 대령과 환
상적, 마술적 면모를 보이는 외할머니 미나의 손에 자란다. 그의 책 『백년
의 고독』에 나오는 등장인물 같은 그들이, 작가가 구현하는 환상적 세계의
근원이다. 집안의 반대를 무릅쓰고 결혼한 부모님, 장학금을 받으며 다녔
던 학창 시절, 다작의 시기인 기자 생활과 콜롬비아에서 일어난 시위와 학
살, 쿠데타 등. 다사다난했던 그의 개인사와 조국의 모습이 그려진다.

- 『이야기하기 위해 살다』 서평 일부 -

- -

1. [가]에서 알 수 있는 내용으로 적절하지 않은 것은?

① 어머니를 따라가기로 한 결정이 마르케스 작품세계의 뿌리가 되는 시
작이었다.

② 마르케스가 쓴 『백년의 고독』은 외가에서 경험한 환상적이고 마술적인
사건 덕분이다.

③ 『이야기하기 위해 살다』는 마술적 리얼리즘 작가로 노벨문학상을 탄 마
르케스의 자서전이다.

④ 『이야기하기 위해 살다』 속에는 우리나라의 역사처럼 우여곡절이 많은
콜롬비아의 역사가 담겨있다.

⑤ 『백년의 고독』 속 인물들이 환상적이면서도 현실적인 모순된 모습으로
그려지는 것은 작가 외조부모의 영향이 크다.

위의 비문학 지문과 문제는 수능 기출문제의 대안으로 제시한 것뿐이다. 지문의 난이도와 문제의 질은 전혀 고려하지 않았으니 그저 어떤 형식으로 문제가 나오는지를 가늠하는 샘플 정도로 보면 된다.

수능 국어 비문학 시험문제는 위 제시문과 문제처럼 하나의 분야 혹은 두 개의 복합적인 분야에 대한 글을 주고 2~4개의 문제를 푸는 형식으로 이루어진다. 얼마 전까지만 해도 비문학 문제가 총 45문제 중 15개였지만, 2023학년 수능시험부터는 17개로 늘어난 상황이다. 비문학 제시문의 개수도 4개이지만, 문항 수가 늘어난 만큼 향후에 제시문 개수가 더 늘어날 여지는 있다고 생각한다.

비문학 제시문의 분야 또한 다양하다. 인문학과 물리, 화학, 생물, 지구과학을 넘나드는 과학 전반, 경제와 정치, 지리 등 사회과목 전반, 기술과 문화예술 등 우리가 접하는 모든 과목과 분야의 내용을 망라해서 시험문제가 출제된다. 따라서 제시문에 등장하는 분야의 배경지식이 있는 경우 시험에서 좀 더 유리할 수밖에 없다.

이런 비문학 문제를 풀기 위한 관건은 굉장히 부족한 시간 안에서 정확히 제시문을 읽고, 중요한 정보를 가려낼 수 있는지 여부다. 또한 한 편의 비문학 지문이 제시되면 그 바로 밑에 붙은 첫 번째 문제는 위의 샘플 문제처럼 요약 문제인 경우가 대다수인데, 제시문 요약을 얼마나 제대로 할 수 있는지가 중요해질 수밖에 없다.

수능 비문학 기출문제 중 요약과 관련해 흔히 나오는 문제 유형은 '윗글의 내용과 일치하는 것은?', '[가], [나] 제시문에서 알 수 있는 내용으로 적절하지 않은 것은?' 등이다. 이런 형태의 문제를 쉽게 풀기 위해서는 제시문을 빠르고, 정확하게 읽어야 한다. 물론 수능시험을 요약 능력 하나로 해결할 수는 없겠지만, 요약 능력이 없다면 시험문제를 풀기는 확실히 어렵다.

5

어머니, 요약만 잘하면 다중 매체 문해도 가능합니다

동영상을 활용하기

"언니, 나 고민이 있어."

"뭔데? 왜 그렇게 심각해?"

"요즘 지우가 유튜브를 많이 보는데, 이게 초등학교 4학년짜리 한테 도움이 되지 않을 것 같아서 걱정이야. 지우 시간도 많이 낭비되는 것 같고, 학습에 도움이 되지도 않으니까…."

동생이 요즘 유튜브에 빠진 조카 때문에 고민이라며 나에게 의논을 해왔다. 조카의 유튜브 사랑으로 동생이 고민하기 시작한 것은 아이가 초등학교 2학년 때부터였다. 줄창 유튜브를 보려는 아이에게서 스마트폰을 뺏어 보기도 하고, 사용에 시간제한을 걸어 보기도 했지만, 맞벌이로 바쁜 엄마인지라 동생의 노력은 성공과 실패를 반복했다. 그러기를 벌써 몇 년째, 이제는 아이가 고학년에 올라갔는데 여전히 유튜브에 시선을 빼앗기고 있으니 더 걱정이 되어 나에게 진지한 의논을 해왔다.

아이들의 동영상 사랑은 비단 내 조카만의 문제는 아닐 것이다. 이제는 대학생이 된 한 제자가 말하기를 "선생님, 요즘 젊은 아이들은 궁금한 게 생기면 네이버나 구글에서 검색하지 않고, 유튜브에서 검색해 봐요."라고 했다. 내 나름대로는 이것도 충격이었다. '아니 궁금한 지식이 있으면 네이버든 구글이든 포털에서 검색해 글자로 읽어야 하는 것 아니야? 왜 유튜브를 검색하지?' 이런 생각을 하는 내 사고방식 자체가 요즘 아이들의 입장에서 보자면 "라떼는~"으로 대표되는 꼰대일 테다.

이미 아이들이 '보는' 콘텐츠는 글자보다는 동영상으로 패권이 넘어가고 있다. 내 생각이 아니라 사회의 큰 흐름이 그렇다. 그 때문에 2022 개정 교육과정에서도 미디어 교육을 확산하겠다고 나선 것이다. 내 경우를 봐도 학교 수업을 진행할 때 예를 들면, 모파상의 『목걸이』 같은 책을 종이로 읽히기보다는 동영상으로 함께 시청할 때가 있다. 고전 책을 전체 아이들에게 읽히고 싶기는 한데, 그러자니 책을 복사해 나눠주기도 쉽지 않고, 설사 워드 파일로 아이들에게 어찌 읽힌다고 해도 짧은 수업 시간 안에 개인별 읽기 속도나 이해도의 차이 때문에 여의찮다. 그럴 바에는 『목걸이』

전문이 담긴 동영상을 함께 보는 편이 났다. 문해력이 낮은 아이들이 섞여 있는 교실 현장에서 이해도도 훨씬 높고, 읽는 시간의 격차도 줄일 수 있어 편리하기 때문이다.

디지털 자료, 특히 유튜브로 인한 동영상 자료가 넘쳐나고, 우리 아이들이 그것을 보며 세상을 이해한다면 그런 자료를 정확히 보고 이해할 수 있는 문해력이 필요하다. 우리는 흔히 영상으로 보면 그 내용은 당연히 이해할 거라고 생각한다. 하지만 문해력은 종이책에만 해당하는 문제가 아니다. 문해력이 떨어지는 아이들은 동영상을 봐도 그 내용을 이해하지 못하는 경우가 많다. 수업 자료를 동영상에서 찾는 아이들이 정작 그것을 제대로 읽어내지 못한다면 그 또한 난감한 일이며, 학습 능력을 제대로 발휘하기 어렵다. 따라서 동영상을 제대로 보고, 그 내용을 정확히 이해하는 연습이 필요하다.

디지털 읽기 교육에 대해 논의하고 있는 책 『다시, 어떻게 읽을 것인가』에서는 디지털 텍스트를 읽을 때 필요한 몇 가지 조언을 하고 있다. 자료의 재생 속도를 늦추고, 학습자의 시선을 뺏는 다른 장애물을 없애라고 충고한다. 또한 읽기의 목표가 도대체 무엇인지 정확히 하고, 텍스트에 적극적으로 개입하라는 주문이다.

이것은 동영상 자료를 읽을 때 더욱 필요한 조언이라고 생각한다. 영상 자료의 경우 한 번 재생되면 아이들이 이해하든 하지 못하든 그냥 끝까지 봐야 한다. 이해되지 않는 부분은 중간에 멈추고 물어봐야 하는데 그러지 않는다. 특히 초등학교 아이들에게 누군가 개입하지 않는다면 그냥 모른 채 지나가기 마련이다. 그래서 아이들이 동영상을 '읽을' 때는 부모님이든 선생님이든 개입을 해서 이해되지 않는 부분이 없는지 물어 보고, 필요하면 설명도 해 주어야 한다. 또한 '요약하기'라는 명확한 목적을 주어 영상 속 내용을 써 보게 하고, 아이들이 본 내용에 적극적으로 댓글도 쓰고, 썸네일도 만들어 보는 활동을 유도할 필요가 있다.

물론 학습과 읽기 활동의 기본이 책과 글자여야 한다는 생각에는 변함이 없다. 또한 아직까지는 여러 실험들이 종이책과 글자로 된 전통적인 읽기 학습이 미디어나 디지털 자료를 통한 활동보다 효과적이라고 말한다. 우리는 기본의 중요성을 알고 있다. 다만 사회가 변화하며 날로 늘어나는 디지털 읽기 자료들에 대해 두 손을 놓고 있지 말아야 한다는 의미이다. 종이책 학습보다 효과가 떨어지지만 아이들의 읽기 능력과 쓰기 능력을 키워주기 위해 동영상을 활용하는 다양한 아이디어를 내야 한다. 따라서 여기에 제안하고 있는 활동들은 미디어 자료를 통해서라도 아이들의 학습 능력을 키워주기 위한 시도나 몸부림으로 이해해 주면 고맙겠다.

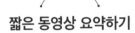

짧은 동영상 요약하기

　아이들이 시청하는 유튜브 종류는 너무나 다양하겠지만, 동영상 요약하기 활동의 경우 뉴스나 주제가 있는 강의, 스토리가 있는 애니메이션이나 영화 등이 적절하다. 시작은 학습자가 부담을 갖지 않고 가볍게 따라올 수 있도록 3~5분짜리 동영상으로 하는 것이 좋다. 말로는 가볍다고 했지만 3~5분짜리 동영상이라고 해도 우리의 생각보다 그 안에 들어있는 정보량이 많다. 그래서 가급적 아이들이 관심 있는 분야, 흥미 있어 하는 이야기를 중심으로 동영상을 제시해 주어야 한다. 자신이 재미있다고 느껴야 영상의 내용도 기억에 남고, 영상을 집중해서 보게 되기 마련이다.

　이것은 마치 글로 된 읽기 자료를 요약하기 위해 아이들이 글을 볼 때 집중해서 읽어야 하는 것과 같은 이치이다. 인터넷 영상의 경우 우리의 주의 집중을 흐트러 놓거나 다른 콘텐츠로 시선을 분산시킬 여지가 더 많다. 이 때문에 학습자가 좋아할 만한 텍스트를 찾는 데 노력을 기울일 필요가 있다. 먼저 3~5분짜리 짧은 동영상을 요약하는 활동이 익숙해졌다면 이제 영상의 길이를 조금씩 늘린다. 8~12분짜리 영상으로 늘리고, 이후에 15분 이상짜리도 요약 활동에 도전해 보도록 하자.

"재우야, 너는 과학 관련 뉴스가 좋다고 했으니까 선생님이 4분 짜리 인공태양 관련 영상을 찾아왔어. 어때? 재미있을 것 같니?"

"네, 재미있을 것 같아요. 저 에너지 개발과 관련된 내용 좋아해요. 잘 보고 요약해 볼게요."

"태주 것은 마음에 들만한 영상을 찾느라고 고생 좀 했어. 너는 지식을 쌓을 수 있는 것이 좋다며. 그래서 최재천 교수님이라고 우리나라에서 아주 유명한 생태학자가 계시는데, 그분이 백두산 폭발과 그 주변 생태계에 대해 알려 주시는 강의 영상을 준비했어. 이건 좀 길어서 12분짜리인데 괜찮겠니?"

"네. 재미있을 것 같은데요? 한 번 해 볼게요."

"그래. 얘들아. 우선 너희들이 영상을 보고, 그 내용 전체를 대표할 수 있는 제목을 먼저 붙여봐. 제목만 봐도 그 영상이 무슨 내용일지 알 수 있는 그런 제목이어야겠지? 다음 단계로 그 동영상의 전체 내용을 한 문장으로 요약해서 써 보는 거야. 마지막 단계로 전체 동영상의 내용을 10줄 이내로 요약해서 써 보는 거야. 가급적 10줄을 넘지 않았으면 좋겠다. 그것보다 길게 쓰면 너무 긴 요약문이 되어 버리거든."

◦영상 요약 활동 사례◦

재우의 4분짜리 영상 요약

1. 원래 제목 외에 동영상의 내용을 대표할 수 있는 제목을 지어 주세요.

> 1억도 인공태양, 그곳의 상황은?

2. 동영상 전체 내용을 한 문장으로 요약한다면 어떻게 쓰면 좋을까요? 전체 내용이 요약된 하나의 문장을 만들어 보세요.

> 1억도 인공태양은 지구 미래의 자원이다.

3. 동영상의 전체 내용을 10줄 이내로 간략히 요약해 보세요.(제시된 줄 수를 넘기지 말 것)

> 한국이 무려 섭씨 1억도가 넘는 인공태양을 30초간 유지하여 화제가 되었다. 이렇게 온도가 뜨거운 이유는 핵융합반응을 지구에서 일으키려면 태양보다 높은 열과 높은 압력이 필요하기 때문이다. 그래야 태양처럼 환경을 오염시키지 않는 에너지를 만들 수 있다. 일반 핵발전과는 다르게 수소 원자핵이 융합되면서 질량이 작아지는 원리를 이용했고, 또 폐기물이 해가 없는 헬륨이라서 안전하다. 또 자원이 수소이고, 예기치 못한 일이 있을 때는 자동을 꺼지기까지 한다. 또 태양은 플라스마로 만들어져서 그 플라스마를 가열해서 1억도가 만들어지게 될 것이다. 한국은 매년 1억도 유지 신기록을 세우고 있고, 우리나라 목표는 2026년에 300초를 달성하는 것이다. 다른 나라에서도 우리의 기술력을 인정하고, 많은 나라가 우리나라랑 같이 일하려고 요청하는 중이다.

◦ 영상 요약 활동 사례 ◦

태주의 12분짜리 영상 요약

1. 원래 제목 외에 동영상의 내용을 대표할 수 있는 제목을 지어 주세요.

> 우리가 몰랐던 우리나라의 자연재해 가능성

2. 동영상 전체 내용을 한 문장으로 요약한다면 어떻게 쓰면 좋을까요? 전체 내용이 요약된 하나의 문장을 만들어 보세요.

> 우리나라는 2개의 판이 겹치고 일본과 중국과 붙어있어 지구 안의 열기가 빠질 수 없는데 그 분출구 중 가장 유력한 곳이 바로 백두산이다.

3. 동영상의 전체 내용을 10줄 이내로 간략히 요약해 보세요.(제시된 줄 수를 넘기지 말 것)

> 최근에 백두산의 200년 폭발 주기가 다가오고 있다. 그 이유는 우리나라의 2개의 판과 일본, 중국의 판이 꼭 붙어있어서 지구 내의 열기와 마그마가 빠져나갈 길이 없기 때문이다. 마그마와 열기가 수 세기 동안 쌓인 결과, 엄청 큰 폭발이 예상된다. 물론 폭발의 분출구 중 가장 유력한 곳이기 때문에 조심해야 한다. 그러니 앞으로 백두산이 폭발할 수도 있어 긴장의 끈을 놓지 말고 폭발에 대비해야 한다.

인공태양에 대한 영상을 요약 활동한 재우는 이 영상을 요약하기 위해 시간이 많이 걸렸다고 했다. 이유를 물었더니 영상을 보다가 이해가 되지 않는 개념이나 정보가 있으면 관련 영상을 찾아보며 시청했기 때문에 전체 소요 시간이 꽤 걸렸단다. 하지만 그 덕분에 에너지와 관련해서 공부는 많이 되었다고 했다.

전체 영상의 내용을 한 문장으로 요약하는 문장은 "1억도 인공태양은 지구 미래의 자원이다."라고 압축해서 쉽게 잘 써 주었다. 다만 이번이 첫 번째 동영상 요약 활동이라 총 4분짜리 영상의 내용 중 3분 분량밖에 쓰지 않았는데, 벌써 10줄이 넘어 네 번이나 지우고 더 짧게 줄여야 했단다.(여기서 10줄은 띄어쓰기 포함 약 350자 정도다.) 결국은 11줄이 되었지만, 첫 번째로 시도해 본 요약 활동치고는 아이의 노력과 결과물이 나쁘지 않아 다행이었다.

태주 역시 동영상 강의 내용이 재미있었다고 했다. 기존에 백두산이 폭발한다는 신문기사를 몇 번 본 적이 있어 내용은 알고 있었지만, 약간 현실성이 없다고 생각했었는데, 최재천 교수님의 강의를 들으며 폭발 가능성과 주변 자연환경이 어떻게 될지 호기심도 생기고 이해도 잘 되었단다. 이미 관련 내용에 배경지식이 있고, 동영상 요약 경험도 있는 아이라서 그런지 동영상은 집중해서 한 번 보고 요약했다고 했다. 전체 요약문도 6줄 정도로 제시한 10줄 이내로 요약한 것을 볼 수 있었다. 다만 활동 중 한 문장 요약을 약간은 길게 써 이 문장을 더 줄일 수 있었을 텐데 하는 아쉬움은 남았다.

긴 동영상 요약하기

긴 동영상이라고 하면 대략 짧으면 30분에서 길면 2시간까지 시청 시간이 필요한 영상이라고 하겠다. 이 정도 분량이면 사실 성인들도 요약이 쉽지 않다. 하물며 초등학교 고학년이 하기는 만만하지 않다. 그래서 이런 긴 동영상의 요약 활동을 하기 전에는 먼저 짧은 동영상과 글자로 된 텍스트를 여러 번 요약해 보면 도움이 된다.

동영상의 내용이 어떤 것인가에 따라 요약의 난이도가 좌우되는데, 아무래도 정보가 많이 담겨있는 다큐멘터리나 강의 영상이 어렵고, 상대적으로 이야기가 담긴 애니메이션이나 영화가 수월한 편이다. 또한 동영상이 길기 때문에 요약 활동을 위해 같은 영상을 두세 번 반복해서 시청하기는 현실적으로 어렵다. 따라서 만일 초등학생 학습자라면 난이도가 높지 않도록 이야기가 담긴 애니메이션이나 영화로 대략 1시간을 넘지 않는 동영상을 추천한다.

"재의야, 너한테는 1시간 정도 되는 동영상을 보여 주고 요약 활동을 하려고 하는데, 어떠니? 너는 동영상을 보고 요약하는 활동은 많이 해 봤으니 익숙할 것 같은데."

"네. 저는 짧은 건 많이 해 봐서 할 수 있어요. 그런데 저는 이야기가 있는 동영상이 좋아요. 과학 영상 같은 건 딱딱해서 싫어요."

"네가 그럴 줄 알고 애니메이션을 준비했어. 혹시 『찰리와 초콜릿 공장』이라는 책이나 영화를 본 적이 있니?"

"제목은 들어 봤어요. 본 적은 없어요."

"잘됐네. 선생님이 『찰리와 초콜릿 공장』을 애니메이션으로 제작한 약 1시간짜리 동영상을 준비해 왔어. 이 동영상을 보고 전체 내용을 한 문장으로 요약해 보고, 또 전체 줄거리를 10줄 이내로 요약해서 써 보는 거야."

"네, 알겠어요."

1시간짜리 긴 동영상을 요약한 재의는 전체 내용을 "윌리웡카가 5명의 아이들을 자신의 초콜릿 공장에 초대해서 후계자를 찾는 이야기다."라고 한 문장으로 적었다. 그리고, 10줄 요약을 쓰다 보니 깨알 글씨로 쓰게 되어 좀 길어진 것 같다며 스스로 아쉬워했다.(분량 조절을 어려워한다면 원고지 공책을 활용하면 감을 익힐 수 있다.) 다행히 애니메이션의 내용이 하나의 큰 줄기가 되었기 때문

○ 긴 영상 요약 활동 사례 ○

재의의 1시간짜리 영상 요약

1. 원래 제목 외에 동영상의 내용을 대표할 수 있는 제목을 지어 주세요.

> 초콜렛 공장의 후계자

2. 동영상 전체 내용을 한 문장으로 요약한다면 어떻게 쓰면 좋을까요? 전체 내용이 요약된 하나의 문장을 만들어 보세요.

> 윌리웡카가 5명의 아이들을 자신의 초콜렛 공장에 초대해서 후계자를 찾는 이야기다.

3. 동영상의 전체 내용을 10줄 이내로 간략히 요약해 보세요.(제시된 줄 수를 넘기지 말 것)

> 윌리웡카라는 사람이 있었다. 그 사람의 아버지는 치과의사여서 초콜렛과 캔디 등을 먹지 못하게 하셨다. 그러던 어느 날 몰래 초콜렛을 먹게 되었고, 초콜렛과 캔디에 대해 연구하다가 공장을 차리게 되었다. 시간이 지나고 윌리웡카는 판매되고 있는 초콜렛에 티켓을 넣어 5명의 아이들이 공장을 견학할 수 있게 해주신다. 공장에 들어가자마자 초콜렛 호수가 있었는데 그것을 먹다가 한 아이가 빠졌다. 이 일을 움파루파가 해결하면서 나머지 아이들은 다른 방으로 넘어간다. 이 방은 껌을 만드는 방이었는데 이번에는 아직 미완성된 껌을 먹고 블루베리처럼 부풀어 올랐다. 이 일 또한 움파루파들이 해결하며 다음방으로 넘어갔다. 그런데 이번 방에서는 견과류 관련된 일은 했는데 한 아이가 다람쥐가 갖고 싶어 우리 안으로 들어갔다가 쓰레기통에 빠져버린다. 이 다음 방에서는 텔레비전으로 물건을 보내는 일을 하는데 한 아이가 스스로 텔레비전 속에 들어가며 한 아이만 남게 된다. 윌리웡카는 그 아이에게 가족을 떠나 공장으로 오라고 했지만 이를 거절해서 헤어졌다. 이후 다시 만났을 때는 가족이 같이 가도 된다는 조건이 생기며 그 아이와 가족은 공장에 살게 되고 끝이 난다.

에 그것을 따라가며 요약하는 것이 어렵지는 않았다고 소감을 말했다. 긴 영상 요약에서 하나의 큰 흐름을 읽고, 그것을 파악할 수 있었다는 게 훌륭해서 칭찬을 해 주었다.

짧든 길든 동영상을 요약할 때는 기본적으로 일반적인 요약 전략이 그대로 적용된다. 읽는 자료의 종류가 다른 것이지 활동 자체의 기본 원리와 능력은 그다지 차이가 없음을 많이 느낀다. 다만 어떤 읽기 자료를 아이들이 더 재미있게 여기며 적극적으로 학습하려고 할 것인가는 한 번 생각해 봐야 할 문제이다.

동영상 요약하기 활동이 분명 일반 글자 요약 활동보다 유익한 점도 있었다. 유튜브 영상은 인터넷 하이퍼텍스트라는 특성에 맞게 학습 대상인 동영상을 보다가 중간에 궁금한 부분이 생기면 바로 그 부분의 내용을 검색해 볼 수 있었다. 뉴스 동영상을 요약한 재우처럼 뉴스 내용에 궁금증이 생길 때 관련 동영상을 중간에 함께 찾아볼 수 있어서 지식의 크기가 커지고, 요약 대상인 뉴스의 내용을 정확히 파악할 수 있다.

이처럼 인터넷 동영상은 다중 텍스트로 뻗어나갈 수 있는 통로가 되는 장점이 있다. 제시문이나 책보다는 재미있고, 색다르다는 생각에 학습자들이 쉽게 학습 자료로 받아들이는 이점도 있었다.

온라인으로 하는
기타 활동

　　기성세대가 전통적으로 미디어라고 불렀던 것은 TV나 신문, 라디오 같은 매체 형식이었다. 하지만 시대가 바뀌어 소위 뉴미디어라고 하는 포털사이트와 인스타그램, 페이스북이나 카카오톡 같은 SNS, 유튜브 같은 다양한 동영상을 시청하는 사이트나 앱 등이 새로운 매체로 정착되고 있다. 기존의 전통적인 미디어와 요즘 발달하는 뉴미디어의 가장 큰 차이점을 논하라고 한다면 단연 일방 소통에서 쌍방 소통으로 소통의 방향과 개념이 바뀐 일이다. 많은 사람들이 그저 상대의 말과 생각을 무비판적으로 수용하는 일방통행식 미디어보다는 상대의 생각에 소위 딴지를 걸 수 있는, 그래서 마음에 들지 않는 사안에 대해 자기 목소리를 높일 수 있는 채널을 선호하고 있다.

　그래서인지 요즘 아이들은 온라인으로 다양한 활동을 한다. 가깝게는 유튜브나 인스타그램의 동영상을 일방적으로 시청하기도 하지만 더 나아가 다른 사람들이 올린 동영상에 댓글을 달거나 아니면 자신이 직접 동영상을 만들기도 한다. 또한 자신이 만든 동영상의 썸네일을 제작하는 등 다양한 콘텐츠 생산활동을 하는 경우가 많다. 현실에서 아이들이 접하게 되는 뉴미디어가 대세라면 소극적으로 주어진 콘텐츠들을 수용하기보다는 위와 같은 적극적인 콘텐츠 제작 활동이나 표현 활동을 통해 그것을 제대로 수용하고, 읽을 수 있는 능력을 키우는 게 현명한 대처이다.

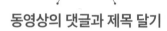

동영상의 댓글과 제목 달기

　콘텐츠 제작이나 표현 활동은 기본적으로 우리의 요약 능력을 필요로 한다. 먼저는 자신이 본 동영상에 대해 가지게 된 복잡한 생각들을 간단하고 일목요연 하게 요약해 댓글로 쓸 수 있다. 물론 인터넷에서는 장난스럽거나 막말을 던지는 댓글들이 난무하지만, 여러 디지털 자료를 제대로 읽어내야 하는 우리 아이들은 그런 수준 이하의 댓글 쓰기에서 벗어날 때이다. 자신이 여러 이유로 봐야 하는, 혹은 흥미 있는 동영상이라면 그것을 보고 댓글에 전체 내용을 요약하고, 거기에 자신의 단상이나 느낌을 써 보게 하자. 이런 활동 목적으로 동영상을 본다면 아이들이 더욱 집중해서 시청하고, 가장 핵심적인 내용을 그 안에서 뽑아 보려고 노력한다.

댓글을 다는 활동에서 조금 더 나아가서 동영상의 제목을 달아 보는 활동도 요약하기 활동으로 유익하다. 혹자는 "아니 제목을 다는 게 요약하기와 무슨 상관이 있지?"라고 생각할 수도 있다. 하지만 제목이야말로 전체 글이나 영상을 대표할 수 있는 내용이 들어 있어 가장 압축적인 요약이다. 제목만 보고도 이 글이나 영상이 전체적으로 어떤 내용을 담고 있는지 추측이 가능하지 않은가? 그렇다면 제목을 뽑을 때는 더욱 아무렇게나 결정할 수 없다. 전체 영상을 정확히 파악하고, 모든 내용을 대표할 수 있는 압축적 문장이 필요하다. 그야말로 극도로 요약된 문장이라고 하겠다.

"얘들아, 오늘은 선생님하고 동물이 나오는 동영상을 한 편 볼 거야. 3분 31초짜리 영상인데, 태식이라는 강아지 이야기야. 영상을 다 본 후, 너희들이 이 내용을 가장 잘 설명할 수 있는 간단한 제목을 달아 보는 거야. 그 제목만 읽어 봐도 시청자들이 '아! 이런 내용의 이야기가 나오는구나.'하고 알 수 있도록 달아야 해."

"선생님, 그럼 제목을 문장으로 만들어야 해요?"

"아니. 완성된 문장으로 만들 수도 있겠지만, 보통 제목은 그것보다는 간단하게 짓지. '고양이의 위험한 외출' 같이 조금 더 간단하면서도 내용이 확 드러나는 표현이면 좋겠다. 자기가 붙일 수 있는 만큼 만들면 되니까 걱정하지 않아도 돼."

"그럼 아래는 뭐에요? 그냥 동영상에 붙일 댓글만 달면 돼요?"

"그것보다는 댓글을 달 때 영상의 전체 내용을 한두 문장으로 간단하게라도 요약하고, 그것에 대한 생각과 느낌을 쓰면 돼. 조금 어려울 수도 있지만 선생님은 너희들이 할 수 있다고 생각해. 같이 한번 해 보자."

아이들에게 '동물농장'이라는 프로그램에서 소개되었던 뚱보 견 태식이에 대한 동영상을 보여주었다. 아이들이 작은 강아지가 나오니까 귀엽다며 재미있게 보았다. 이 활동을 한 네 아이들 중에서 서은이와 예린이는 태식이의 까다로운 식성에 주목해 제목과 줄거리를 요약했고, 승우와 준후는 사료를 싫어하는 태식이의 성격에 초점을 맞추어 요약했다. 같은 동영상을 보고도 어떤 입장에서 보았는지에 따라 제목과 댓글에 나타난 요약 내용이 약간씩 달랐다.

너무나 엉뚱한 요약이 아니라면 어떤 정답을 요구하는 활동이 아니니 아이들의 노력을 칭찬해주면 좋겠다. 댓글이라는 특성상 많은 문장을 쓸 수는 없지만, 그래도 내용을 요약해야 하고, 단

◦ 제목과 댓글 달기 활동 사례 ◦

서은

1. 이 동영상의 제목을 다시 붙인다면 무엇이라고 하면 좋을까요? 동영상의 전체 내용이 담긴 제목을 만들어 보세요.

> 입 짧은 태식이, 식탐 많은 은애

2. 이 동영상 아래에 붙일 댓글을 써 주세요. 단 댓글은 이 동영상의 전체 내용을 간략히 요약하고, 거기에 자신의 생각과 느낌을 담아 보세요.

> 태식이는 뚱뚱한 뚱보견이다. 하지만 사료를 거의 먹지 않는다.
> 그래서 나는 태식이의 입에 맞는 사료를 샀으면 좋겠다.

예린

1. 이 동영상의 제목을 다시 붙인다면 무엇이라고 하면 좋을까요? 동영상의 전체 내용이 담긴 제목을 만들어 보세요.

> 태식이의 미스터리한 식성

2. 이 동영상 아래에 붙일 댓글을 써 주세요. 단 댓글은 이 동영상의 전체 내용을 간략히 요약하고, 거기에 자신의 생각과 느낌을 담아 보세요.

> 태식이는 뚱뚱한데도 식탐이 없다. 원래 같은 견종의 2배나 되는 녀석이
> 다른 개에서 사료를 뺏겨서 신기했다. 조금 안쓰럽기도 했다.

○ 제목과 댓글 달기 활동 사례 ○

승우

1. 이 동영상의 제목을 다시 붙인다면 무엇이라고 하면 좋을까요? 동영상의 전체
내용이 담긴 제목을 만들어 보세요.

사료가 싫은 태식이

2. 이 동영상 아래에 붙일 댓글을 써 주세요. 단 댓글은 이 동영상의 전체 내용을
간략히 요약하고, 거기에 자신의 생각과 느낌을 담아 보세요.

태식이는 뚱보견이다. 그런데 태식이가 사료를 먹지 않고
그것을 은애가 뺏어 먹으려고 한다. 그것을 보니까 너무 웃기다.

준후

1. 이 동영상의 제목을 다시 붙인다면 무엇이라고 하면 좋을까요? 동영상의 전체
내용이 담긴 제목을 만들어 보세요.

몸무게와 다른 태식이의 미스터리한 식성

2. 이 동영상 아래에 붙일 댓글을 써 주세요. 단 댓글은 이 동영상의 전체 내용을
간략히 요약하고, 거기에 자신의 생각과 느낌을 담아 보세요.

태식이의 몸무게와 다르게 식탐을 안내는 태식의 밥을 뺏어 먹는 은애.
왜 그렇게 식탐을 낼까? 그렇기 때문에 태식이는 왜 그렇게 밥을 안 먹는
지 궁금하다.

상을 써야 하니 3~4문장이 적절하다고 생각한다. 동영상이라는 특성상 종이책이나 제시문으로 요약하는 훈련이 덜 된 초등 3~4학년들도 쉽게 할 수 있다. 동영상 읽기 자료의 장점 중 하나가 글로 된 텍스트보다 난이도 면에서 학습자들이 쉽고 만만하게 받아들인다는 점이다. 이런 장점을 십분 살린다면 요약하기 활동이 익숙하지 않은 미숙한 학습자에게도 적당한 연습 자료다.

동영상의 썸네일 만들기

썸네일이란 유튜브 같은 동영상 플랫폼에서 영상을 클릭하도록 만드는 일종에 '영상의 대문'이라고 할 수 있다. 책보다 영상이 가까워지면서 이제 초등학교 아이들도 알 정도로 보편적인 용어가 된 썸네일의 중요성은 말하면 입이 아플 지경이다. 온갖 동영상의 바다에서 어떤 영상을 선택해서 볼 것인가가 결정 나는 포인트이고, 그 영상의 대표이면서 동시에 영상이 어떤 내용인지 보는 사람들에게 사전에 알려주어 그들이 필요한 정보를 선택하게 하는 안내문이라고 할 수 있다.

하지만 세상에 어떤 일이든 명암이 있는 것처럼 잘못된 썸네일들이 정보를 찾는 사람들에게 많은 혼선을 주기도 한다. 이는 크게 두 가지로 나눌 수 있는데, 첫 번째는 의도적으로 자극적인 문구와 이미지를 넣어 동영상 선택을 유도하는 것이다. 영상의 전체 내용이 아닌 일부 내용을 과장해서 썸네일에 싣는 것도 여기에 해당한다. 두 번째는 요약 자체를 잘못해 영상의 내용과 전혀 다른 엉뚱한 썸네일을 만드는 경우다. 의도에 의한 첫번째 경우는 분명 문제지만 요약을 다루는 여기서 말할 내용은 아니다. 우리가 주목할 것은 두번째 경우다. 자신이 올리려는 영상의 내용을 잘못 요약해 엉뚱한 이미지와 문구의 썸네일을 만드는 경우다. 현재 미디어 콘텐츠를 생산하고, 즐기는 우리 아이들이 최소한 이런 실수를 하지 않으려면 이미지와 문구로 전체 동영상을 요약하는 썸네일 만들기 활동이 유익하면서도 색다른 도전이 되리라 생각한다.

하루는 동물권에 관한 수업을 하던 때였다.

"선생님, 저는 동물원이 필요하지 않다고 생각해요."

"왜 그렇게 생각하니 채원아? 그 이유를 이야기해 줄래?"

"동물들도 생명이 있으니까 권리가 있잖아요. 갇혀서 사는 것보다는 넓은 공간에서 자유롭게 살아야 한다고 생각해요. 또 그렇게 좁은 우리에 갇혀 있으면 스트레스도 많이 받는다고 들었어요. 그래서 이상한 행동을 하기도 하고 그런데요. 저… 전에 그런 내용으로 주장하는 글도 썼어요."

"오! 글까지 썼니? 동물원이 필요하지 않다는 그 주장하는 글을 가지고 동영상을 찍고, 유튜브의 썸네일을 만든다면 어떻게 만들면 좋을지 만들어 보자."

◦동물원은 필요하지 않다◦

요즘 많은 동물원들이 생기면서 그만큼 많은 문제들 또한 일어나고 있다. 예를 들어, 실제로 OOO 동물원에서 벽을 긁거나 땅을 파는 동물들을 보았다. 이만큼 여러 심각한 문제가 발생한다. 이에 대해 나는 동물원은 없어도 된다고 생각한다. 그 이유를 알아 보자.
첫 번째, 동물원은 동물들에게 스트레스를 준다. 원래 자연에 있던 동물들이 훨씬 비좁은 우리에 갇혀 있다. 그들은 마음껏 뛰지도 못하고 놀지도 못할 것이다. 또 무더운 여름에 실제로 더위로 고통받는 동물이 많다고 한다. 그러니 동물들이 충분히 스트레스를 느낄 수 있을 것이다.
(이하 생략)

아이와 동영상을 제작할 수 있다면 좋겠지만, 시간이 부족하거나 힘이 드는 등 여러 문제로 어렵다면 내가 찍고 싶은 영상의 썸네일만 만들어 보는 것도 한 방법이다. 썸네일은 자신의 영상 콘텐츠의 내용이 가장 집약적으로 드러나는 것이니 이미지와 문구로 표현하고 싶은 콘텐츠를 압축해 설명할 수 있다.

다음 그림은 앞글을 토대로 동영상을 만든다면 썸네일을 어떻게 제작할 것인지 고민하며 아이가 표현한 것이다.

    동물원이 필요하지 않다고 생각하는 채원이의 의견에 가장 핵심적인 부분은 불쌍한 동물들이 좁은 공간에 갇혀 있다는 안타까움이고, 그들이 스트레스를 받으며 보이는 정형 행동들이었다. 따라서 채원이는 그 내용을 강조하는 그림과 글자로 썸네일을 만들었고, 그것이 아이의 작품 속에 잘 드러난다. 다만 아쉬운 점이 있다면 '좁은 공간에 갇힌 동물들'이라는 채원이의 썸네일이 '동물원'과 관련된 것이라는 힌트 문구가 없는 점이다.

썸네일을 만들 때 중요한 것은 내가 이 영상을 통해서 말하려고 하는 내용이 무엇인가, 왜 만들려고 하는가 하는 목적을 먼저 정확히 결정하는 일이다. 그 후에는 말하려고 하는 내용을 가장 압축해서 표현하려면 어떤 이미지와 문구를 사용해야 할까 하는 고민이 이어진다. 그런 경우 생각의 징검다리로 우선 전체 동영상의 줄거리를 아주 간단히 2~3문장으로 요약해 보고, 그 요약 문장을 기반으로 들어갈 이미지와 문구를 도출하는 게 도움이 된다.

"혜인아, 선생님이 너한테 보여 주려고 동영상을 가져왔어."

"무슨 내용인데요?"

"동물원이 필요한지, 아닌지에 대해 여러 가지 측면에서 이야기하는 뉴스 영상이야. 8분 정도 되는 짧지 않은 영상이야. 이 영상을 보고, 전체 내용을 요약해 눈으로 보여 주는 썸네일을 만들면 돼."

"선생님, 뉴스 영상에 썸네일을 어떻게 진짜로 만들어요? 그 방송국이 아니면 올릴 수도 없잖아요."

"그러니까 혜인이는 선생님이 보여주는 동물원 관련한 뉴스 동영상의 썸네일을 만든다면 어떻게 만들고 싶은지 이미지와 문자로 표현만 하면 되겠지. 실제 방송국의 썸네일을 우리가 바꿀 수는 없으니까 말이야."

'누굴 위한 동물원인가?'란 주제의 뉴스 썸네일

아이에게 보여준 영상의 썸네일은 뉴스라는 특성상 별다른 구성없이 아나운서들과 뉴스룸의 모습이 그대로 보이는 TV 화면의 한 장면이었다. 그래서 아이가 얼마든지 새롭게 썸네일을 구성할 여지가 있었다.

혜인이는 '누굴 위한 동물원인가?'라는 문구를 넣어 썸네일을 만들었다. 혜인이에게 물어보니 가장 어려웠던 점은 이미지로 자신이 요약한 내용을 표현하는 것이었단다. 자신은 신문 기사나 책을 요약해 본 경험이 많아서 그림을 그리는 게 가장 어려웠지만, 만약 요약해서 글을 써 본 경험이 부족한 친구라면 동영상을 보고 그 내용을 요약하는 게 제일 어려울 것 같다고 했다.

혜인이의 말이 정확히 맞다. 글자 텍스트나 책으로 요약하는 활동을 익히 해온 학습자라면 동영상의 내용을 요약하는 것도 어렵지 않다. 8분이라면 비교적 정보의 양이 많지만 뉴스가 무슨 이야기를 왜 하고 있는지 파악하고, 그 안에서 핵심적인 내용을 정확히 요약정리해 놓을 수 있다. 썸네일 만들기는 이런 기초 작업 위에 이미지로 또한, 압축적 문자로 나타내는 것이기 때문에 2차 표현능력이 필요한 활동이다.

지금도 물론이지만, 앞으로도 다양한 독해력이 필요한 시대임이 분명하다. 특히 미디어 자료를 제대로 읽어 내는 능력이 독해력의 핵심이 되는 시대가 도래하고 있다. 썸네일 만들기나 영상을 요약하는 활동들이 이런 새로운 독해 능력을 기르기 위한 좋은 도구와 방법이 될 것이다.

영상을 보는 기회는
한 번뿐

'몸이 천 냥이면 눈이 구백 냥'이라는 속담이 있다. 그만큼 우리는 외부 정보를 받아들이는 데 있어 시각을 많이 동원한다. 정보가 넘쳐나는 세상에서 우리가 하루 동안 시각을 통해 받아들이는 정보의 양은 측정하기 불가능하다. 그러다 보니 다양한 매체를 통해 정보를 생산하는 입장에서는 자신이 만든 정보를 확실하게 전달하고 각인의 효과까지 노리기 위해 자극적으로 제작하는 경향이 강하다. 그래서 필요한 정보를 찾기 위해 검색하다 정신을 놓치면, 어느새 자신의 의도와는 상관없이 시각을 통해 들어오는 정보들에 휩쓸리게 된다.

"지금 본 동영상의 내용을 간단히 요약해서 말해 줄 사람?"

이 질문에 돌아오는 아이들의 반응은 한결같다.

"어? 벌써 끝났어요? 어…. 기억나지 않는데."

"다시 한 번만 더 보여주세요. 이번에는 열심히 볼게요."

동영상 자료는 일명 속도의 자료라고도 칭한다. 짧은 시간 안에 많은 정보를 주기 때문에 대부분의 아이들은 자세히 정리할 시간도 없이 흘러가 버린다. 그래서 내가 사용하고 있는 한 출판사의 교재에는 영상을 볼 수 있는 QR코드 아래 이런 멘트가 있다. '시청 기회는 단 한 번뿐!'.

책은 읽다가 멈출 수도 있고, 읽다가 다시 뒤로 돌아갈 수도 있다. 그래도 큰 흐름이 끊기지 않는다. 하지만 영상 자료는 시청자를 기다려 주지 않는다. 그저 자기 혼자 지나가 버린다.

오래전에, 대입 논술을 준비한다는 고등학교 3학년 동규와 있었던 일이 떠오른다. 지인으로부터 대입 논술이 한 달 남은 학생을 지도해 달라는 부탁을 받았다. 많이 망설여졌다. 나와 상당한 시간을 독서를 통해 다져진 친구들이라면 책임을 질 수 있겠지만, 정말 중요한 시기에 한 달 동안 무엇을 해 줄 수 있을지, 많이 고민이 되었다.

너무 간절하게 부탁하는 통에 동규를 만났다. 동규는 ○○대학교 연극영화과를 지원한다고 했다. 첫 만남에서 그동안 해 온 독서에 대해 물었지만, 예상했듯이 내세울 만한 독서를 해 온 친구는 아니었다.

첫 시간에 짧은 단편을 주고, 요약하기를 시켰다. 셋째 시간까지 짧은 단편으로 요약하기를 반복했다. 동규 어머니는 조심스럽게 동규가 지원한 곳은 영상을 보고 글을 쓰는 논술시험이라고 말했다.

첫 수업 때부터 알고 있었다. 하지만 정적인 글을 읽고 요약하기가 되지 않는다면, 3분 동안 빠르게 흘러가는 영상의 내용은 더욱 정리하지 못할 것이라 생각했다. 내용이 정리되지 않은 상태로는 자신의 생각을 더한 논술은 쓸 수 없다.

사실 첫 수업 때 이미 3분 길이의 영상을 보여주고, 본 내용을 요약하여 써 보라고 했었다. 동규는 당황하더니, 다시 한번 더 보면 안 되겠냐고 말했다. 이렇게 3번을 반복하고 나서야 2줄 정도의 내용을 정리할 수 있었다. 그 후, 4주 동안, 주 2회 매 차시 단편 읽기와 짧은 영상을 보고 주어진 자료의 내용을 요약하는 수업을 진행하였다. 내 바람만큼 요약하기 속도가 빨라지지는 않았지만, 영상자료를 다시 시청하겠다는 요구 없이 진행할 수 있었다. 이쯤되었을 때, 요약한 내용을 바탕으로 아이와 이야기 나누고 논술문 쓰기를 시작했다. 그렇게 연습한 동규는 다행히도 원하는 대학에 합

격했다. 요약이 제 몫을 톡톡히 해준 일이다. 지금 생각해도, 마치 과속을 해서 목적지에 도착한 느낌처럼 아찔하다.

이 책 전반에 걸쳐 중요하게 생각했던 요약은 동영상이나 이미지 자료를 보거나 우리가 외부 정보를 받아들이는 모든 순간에 빛을 발한다는 생각에는 변함이 없다.

지금도 학생들과 수업에서, 동영상 자료를 보여주기 전에 무엇에 대한 내용이 전개될 것인지 살짝 언급하고 주의를 집중하며 보게 한다. 가장 중요한 장면을 기억하고, 내용이 복잡할 경우에는 관련된 어휘라도 기억하거나, 기억하기 힘들면 메모하며 시청하라고 권하기도 한다.

이미지 보고 캡션 쓰기

앞으로도 학생들은 동영상 자료의 홍수 속에서 살아갈 것이다. 하지만 앞의 사례들처럼 동영상 자료의 속도를 따라가지 못하고 많은 부분을 놓치는 아이들이 다수라면 어떻게 해야 할까. 그럼 아이들에게 무엇을 해 주어야 할지 고민하다 연속하는 동영상 자료에서 각각의 장면을 잘라낸 사진이나 그림 자료를 보는 방법을 알려주어야겠다는 생각을 했다. 그래서 적용한 방법이 캡션(caption) 쓰기 활동이다.

"오늘은 새로운 활동을 해 볼 거야."
"뭔데요?"

"캡션 쓰기."

"캡션이 뭐예요?"

"캡션은 '본문에 들어가는 그림이나 표 등에 간단한 설명'이야. 혹시 신문에서 그림이나 사진 아래 작은 글씨가 쓰여 있는 것 본 적 있니? 그걸 캡션이라고 해."

그리고 준비해 간 신문에서 캡션을 보여 줬다.

"신문에 있는 사진에 캡션이 없다면 어떨까?"

"답답하겠네요."

"맞아. 그럼 선생님이 찍어 온 사진을 보여 줄게. 이 사진에 캡

션을 달아 보자."

"어? 도서관이에요?"

"맞아. 별마당 도서관이야. 별마당 도서관은 삼성동 코엑스 내에 있어. 그런데 다른 도서관과는 다르게 떠들어도 되고 들어가는 것도 복잡하지 않아. 만약, 이 사진을 너희 학교 신문에 낸다면, 사진에 대한 설명을 뭐라고 쓸 수 있을까?"

다들 눈치만 볼 뿐 뾰족한 답이 없다.

"사진을 자세히 볼래? 보이는 대로 자유롭게 말해 보자."

"사람이 많네요."

"책도 많아요. 그런데 저 위에 있는 책을 보려면 어떻게 하지?"

"근데 시끄러워서 책을 볼 수 있나? 신기하네."

"저기에서 책 읽는 사람들도 있어요? 난 못 읽을 것 같아요."

"사람 기다릴 때 가면 심심하지 않겠어요."

사진 한 장을 보여주었을 뿐인데, 많은 이야기가 오고 갔다. 이런 활동을 자주하면 한 장의 사진도 많은 이야기를 담고 있다는 것을 알게 된다. 그리고 한 장의 사진을 시간을 두고 보면서 그 사진이 담고 있는 이야기들을 유추해 볼 수 있다.

"그럼, 이 사진에 누가 멋지게 캡션을 달아 볼까?"

"음… 별마당 도서관에 사람이 많다."

"별마당 도서관에 책을 보려고 많은 사람들이 모여 있다."

"책에 관심이 많은 사람들이 책을 보려고 별마당 도서관을 찾아 왔다."

"삼성동 코엑스 별마당 도서관에 책을 보려고 찾아 온 사람들로 붐볐다."

"한 문장이니까 너무 길어도 좋지 않지만, 너무 짧아도 설명이 충분치 않아서 보는 사람들에게 정보가 되지 않을 수 있어. 혹시 육하원칙 기억나니? 육하원칙에 따라 정리하면 읽는 사람들도 충분하게 사진에 대해 궁금했던 점을 해결할 수 있을 거야."

"그럼, 지난 여름….'

"잠깐, 여름인 줄 어떻게 알아?"

"사진 속에 사람들이 입은 옷을 보면, 여기 짧은 치마를 입은 사람도 있고, 옷이 얇잖아! 안 보여?"

"그러네. 아까 선생님이 지난주에 다녀오셨다고도 했잖아!"

"자, 그럼 다시 정리해 볼까?"

"지난 여름, 그 다음엔 네가 해!"

"삼성동 코엑스 별마당 도서관에."

"책을 보려는 사람들이 왔다. 아니, 책을 보기 위해 사람들이 모여들었다."

"그럼 지금까지 나온 이야기들을 정리해서 멋지게 한 문장으로 만들어 볼까?"

"제가 할게요. 날이 더워지자 지난 여름처럼 서울 삼성동 코엑스에 있는 도서관인 '별마당 도서관'에 많은 사람이 방문한다."

"잘했어! 앞으로는 사진이나 그림을 보고도 한 문장으로 표현해 보는 연습을 하면 더 익숙해질 거야."

이런 수업은 특히 미술과 관련된 도서를 수업할 때 효과적이다. 단순히 명화를 보고 그 안에 담긴 내용을 짧게 쓰라고 할 수도 있다. 그러나 그렇게 단순하면 아이들은 지루해 한다. 입체적인 수업을 위해 '명화가 담긴 자신만의 미술관'이라는 이름으로 북아트를 만들어 볼 것을 권한다.

북아트라는 표현이 거창해 보이지만 실제 해 보면 별 것 아니다. 큰 종이를 접어 여러 장의 페이지를 만든다. 각 페이지에는 프린트한 명화를 붙이고 그림에 대한 설명, 나의 감상 등을 적으면 나만의 도서 완성이다.

이때도 앞서 말한 캡션 쓰기를 적용하여 명화 바로 아래 캡션 형식으로 한 줄짜리 글을 적게 한다. 해당 그림에 대한 정보나 그림의 작가에 대한 정보도 좋다. 혹은 간략한 나의 감상평을 쓰는 것도 괜찮다. 어떤 내용이든 짧은 글로 핵심을 전달하려는 노력은 아이들의 요약 능력을 키워 줄 것이다.

문해력은
요약이 힘이다

이 책의 집필을 마무리하는 단계에서 한 학생이 떠오른다. 아이는 초등 6학년, 곧 중학교 입학을 앞두고 있었다. 이전에 논술 학원을 3~4년간 다니다 6학년 가을에 접어들 무렵, 나와 수업을 시작했다. 아이와 처음 수업을 진행할 때, 책을 읽었다고는 하는데 수업 진행이 전혀 매끄럽지 않았다. 중학생이 되면 확 뛰는 학업 범위를 잘 따라갈 수 있을지 나는 초조했지만 아이는 태평했다.

사실 수업을 하다보면 이런 상황은 매우 잦다. 처음 학부모 상담을 할 때, 분명 "우리 아이는 책은 잘 읽어요.", "우리 아이는 늘 도서관에서 책을 빌려 와요.", "다른 곳에서 독서 수업을 꽤 했어요.", "독서는 걱정을 안 하는데 글쓰기가 되지 않아서…." 라고 말하는 경우가 많다. 처음에는 이런 말을 신뢰했다. 그래서 아이의 수준에 맞게 수업 준비를 했다. 그러나 막상 수업을 해 보면 달랐다. 아이는 책을 '읽은' 것이 아니라 '본' 경우가 많았다. 큰따옴표와 그림을 중심으로 훑듯이 보기만 한 아이의 머릿속에 남은 것은 개연성 없이 대충 단어 몇 개를 이어붙인 얄팍한 내용이다. 줄거리를 제대로 꿰지 못하니 당연히 책을 통한 감동도 느낄 수 없다. 사고의 확장은 생각하기도 어렵다.

이 심각한 독서 수준은 결국 문해력 열풍을 가져왔다. 그러나 책을 어떻게 읽어야 할지 모르는 아이들에게 글을 읽고 이해하는 능력인 문해력을 키우라는 것은 어려운 일이다. 조금 더 쪼개어 문해력의 코어를 세울 수 있는 방법, 바로 요약하기를 익혀야 한다. 교육 1번지라는 강남에서 내가 30여 년간 아이들을 가르치며 가장 기본으로 하고 있는 것이 바로 이 요약이다. 실제 많은 학부모들이 원하는 것도 요약 능력이었다.

눈에 보이는 글자를 보고 연결하여 내용을 정리한 것을 두고 사실적 독해가 되었다고 한다면, 사실적 독해를 바탕으로 추론과 비판적인 독해 능력까지 더해야만 완성된 독서라고 말할 수 있다. 이 사실적 독해의 완성 여부는 '요약 능력'에 있다. 어릴 때 요약이 익숙한 요약머리를 갖게 되면 중·고등학생이 되었을 때, 심지어 성인이 되어 사회인으로서 살아가는 데에도 큰 도움을 받게 될 것이다.

앞서 말했던 아이는 이제 중학생이 되었다. 6학년 말 별안간 몰아친 요약 훈련에 나와의 수업을 그만두고 싶다고까지 했던 아이다. 하지만 포기하지 않고 이 책에 소개한 방법을 두루 익혔다. 6개월 정도 씨름 끝에 아이는 기본적인 요약머리를 만들 수 있었다. 그러자 학교에서 국어뿐 아니라 외우는 게 많아 싫다던 사회, 개념이 어렵다는 과학까지도 어려워하지 않는 긍정적 효과가 나타났다. 중학생이 되어 확 뛴 학업 범위도 무리 없이 잘 따라가게 된 것이다. 이것이 바로 요약의 힘이다.

글을 마치며, 우리의 미래인 아이들이 이 책이 지향하는 요약의 힘을 길러 우리나라가 독서 강국이 되는 날을 꿈꾸어 본다. 이 책을 읽은 모든 독자 여러분에게 감사의 말을 전한다. 또 좋은 파트너로 늘 도움을 주는 이 책의 공동 저자 장정윤 선생님과 이 책이 세상에 태어날 수 있도록 힘을 실어 준 이선일 선생님께 감사와 존경의 마음을 전한다.

아이들이 책을 통해 더 멋진 세상을 꿈꾸길 바라며
변 옥 경

AI시대에 갖춰야 할 그것, 요약머리

"읽은 책 줄거리 얘기해 보자."

얼토당토않은 이야기가 시작된다.

'이 아이는 책을 어떻게 읽은 걸까? 끝까지 다 읽었을까? 그런데 저 부분만 이야기한다고? 저 내용이 중요하다고 생각한다고? 지금 나는 이 아이에게 무엇을 어떻게 알려 주어야 할까.'

책을 읽고 온전히 이해하는 방법에 요약만큼 효과가 좋은 것이 없다. 요약이라는 단어에는 '잘 읽었다(봤다, 들었다), 이해했다, 표현했다' 이 3가지 의미가 담겨 있다. 글이든, 영상이든, 수업이든 어떤 정보, 콘텐츠를 접하고 이를 요약했다는 것은 그 내용을 잘 소화했다는 의미다. 이런 요약은 학생들에게 특히나 유용하다. 많은 책을 읽고, 수업을 듣고, 생각을 키우는 때이기 때문이다. 자신이 접하는 모든 경험을 잘 요약해낼 수만 있다면 시간, 에너지 절약은 물론 성적은 덤처럼 따라올 것이다.

문제는 요약이라는 행위가 만만치 않다는 것. 하나의 완성된 요약문을 작성하기 위해서는 '꼭 넣어야 하는 주요한 내용이 무엇인지', '굳이 포함하지 않아도 되는 부차적인 것이 무엇인지', '여러 내용을 하나로 묶어 표현할 단어가 무엇인지' 등 생각해야 할 요소가 많다. 인터넷 창을 열면 AI가 주제에 맞춰 글도 써주는 시대에 아이가 스스로 치열하게 고민하며 요약하는 행위에 이르기는 쉽지 않다. 그래서 필요한 것이 요약 습관이다. 이 책에는 그 습관에 기술을 더한 생각 구조를 '요약머리'라고 표현했다.

요약머리를 가진 아이는 새로운 콘텐츠를 경험할 때 우선 핵심이 무엇인지 파악하고, 자기 경험에 비추어 이해하고, 다른 이에게 이 내용을 적확하게 표현할 수 있다. 물론 요약머리를 만들기까지 과정이 쉽지 않다. 하지만 일단 구축이 완료된 이후의 세상은 훨씬 간결하고 선명할 것이다. 쉬지 않고 딥러닝을 하는 AI와 함께 살아가야 하는 아이에게 누가 더 다양한 지식을 머릿속에 담는가는 의미 없다. 답은 이미 인터넷 속에 있다. 그 답을 검색하기 위한 정확한 키워드, 질문이 필요한 시대다. 많은 아이들이 이 책에서 소개한 요약머리를 통해 새 시대에 맞는 지식체계를 가지길 바란다.

꼭 필요하지만, 세상에 없던 '요약'이라는 주제의 책을 만드는 데 선뜻 함께 해주신 장정윤, 변옥경 선생님께 존경의 마음을 전한다. 늘 응원해주는 가족, 새로운 우주를 알게 해준 두 조카, 김윤슬, 김로아에게 감사와 사랑을 전한다.

목동에서 이선일